Ein Fotobuch von Ursula Markus, herausgegeben vom Verein zwei mal zwei

2004   hier + jetzt, Verlag für Kultur und Geschichte, Baden

Porträts aus dem Zürcher
Langstrassenquartier

Mensch
Langstrasse

HIER+JETZT

Inhalt

Zehn Einblicke

Georgette Maag, Künstlerin

Ein Auto brauchen wir hier nicht.

Die paar Diagonalen über den Markt, zur Bäckerei, zum Inder, in die Buchhandlung, in die Papeterie, zum Atelier, ins Kino und, und, sind schnell abgeschritten. Seit wir hier wohnen, überqueren wir die Sihl nicht mehr häufig. Dahinter wäre dann das Stadtzentrum.

Auch unseren ersten Kuss haben wir uns auf dem Helvetiaplatz gegeben.

Andy Stutz, Seidenfabrikant

Eintauchen ins Landleben, mitten im Herzen der Langstrasse: Der Helvetiaplatzmarkt verhilft zu längst verloren geglaubten Begegnungen.

Eintauchen ins Nachtleben: Die freundlichen Mädchen aus der ganzen, grossen, weiten Welt, die mich auf dem Trottoir alle mit «Schatzeli, chunsch mit» ansprechen.

Eintauchen ins kosmopolitische, wahre und volle Leben: Wenn die Tage wärmer werden, bringen aus geöffneten Fenstern Stimmen und Klänge aus aller Frauen und Herren Länder Leben in die grauen Hinterhöfe. Aus den Küchen der Wohnungen und Kneipen strömt der Duft von Gewürzen aus fünf Kontinenten, der sogar das CO_2 übertrumpft.

Was für ein Privileg, hier zu schuften, zu schnarchen, zu leben und zu träumen!

Sepp Fuchs, ehemaliger Radrennfahrer

Die Zeiten von Kübler und Koblet sind vorbei, aber die Rennfahrer-Szene im Kreis 4 ist noch immer stark vertreten. Vor 35 Jahren fuhren meine Vorbilder auf Rädern von Pietro Del Po, der seine Velos an der Militärstrasse zusammenbaute. Als junger Rennfahrer stand ich in seiner Werkstatt und bestaunte mit glänzenden Augen die silbergrauen Rennräder. Bis zum Ende meiner Karriere führte mich der Weg noch einige Male in den Kreis 4. So ist es nicht verwunderlich, dass ich das Geschäft meines damaligen Förderers übernahm und bis heute weiter betreibe, wenn auch nicht mehr an der Militärstrasse. Dem Langstrassenquartier bin ich aber treu geblieben. Der Radsport hat sich verändert, die fragilen Rennräder sind geblieben, auch wenn Ende der 1980er-Jahre die fetten Mountain-Bikes dazugekommen sind. Genau so erging es dem Kreis 4: Vieles hat sich verändert. Einiges ist verschwunden, aber genauso viel ist neu dazugekommen und belebt heute das Strassenbild – und das nicht immer nur negativ. Die Geschäfte und Kleingewerbe an Strassenecken und in Hinterhöfen sind geblieben. Im Gegensatz zu den Einkaufshäusern ist es die Vielfalt der Geschäfte, für die sich der Weg in diesen Stadtteil lohnt. Das Dorf in der Stadt – nur um einiges bunter. Es gibt wohl nichts, was man nicht findet: von der Liebe bis zur antiken Ständerlampe. Auch wenn ich als Bergler nie in der Stadt gewohnt habe, fühle ich mich diesem Stadtteil verpflichtet. Der Kreis 4 gehört zu mir, wie ich mit meinem Geschäft zum Kreis 4 gehöre.

Irène Schweizer, Jazzpianistin

Ich wohne seit 1977 an der selben Adresse im Kreis 4. Seit längerer Zeit hege ich eine Art Hassliebe zu diesem Quartier. Es gibt, je älter ich werde, desto häufiger Momente, in denen ich an einen Umzug in ein ruhigeres, grüneres und saubereres Quartier denke. Aber dann merke ich, dass es mir hier eigentlich wohl ist. Nicht zuletzt wegen meiner schönen, gemütlichen Wohnung. Vor allem aber wegen der multikulturellen Vielfalt, den einzigartigen Läden, Kneipen, der endlich von Drogen befreiten Bäckeranlage und der zentralen Wohnlage. Es gefällt mir hier auch, weil einige meiner besten Freundinnen, Freunde und Bekannten in Aussersihl wohnen, von denen immer wieder einige spontan auf den Strassen des Quartiers anzutreffen sind und mit denen ich ein paar Worte wechseln kann.

Als Musikerin schätze ich besonders, dass sich mein Probelokal, die Werkstatt für Improvisierte Musik, nicht weit von meiner Wohnadresse entfernt befindet. Als Initiantin der MusikerInnen-Selbsthilfeorganisation OHR organisiere ich zudem Konzerte für lokale Musikerinnen und Musiker im Quartier. Zum Beispiel im «Café Boy» an der Kochstrasse.

Wichtig ist mir auch das Kanzleiareal, wo ich bei schönem Wetter Pétanque spiele. Anschliessend führe ich mir während der Openair-Saison hin und wieder einen Film im Kino Xenix zu Gemüte oder höre mir auf der «Bäckiwiese» ein Konzert an. All diese Aktivitäten sind mit ein Grund, warum ich nach 26 Jahren immer noch gerne hier lebe und wohne. Wenn ich es mir recht überlege, gibt es für mich momentan überhaupt keinen Grund, das Quartier zu verlassen. Anlass für einen Wohnungswechsel könnte es allerdings in ein paar Jahren mal geben: Wenn ich es nicht mehr schaffe, die vier Stockwerke zu meiner Wohnung (ohne Lift) hinaufzusteigen!

Stephan Pörtner, Schriftsteller

«Ich ging die Langstrasse hinauf, auf der es an diesem warmen Abend brodelte. Die Nutten flanierten in ihren Plastikfummeln die Seitenstrassen auf und ab und baggerten gnadenlos die Passanten an. In der Luft lagen dichte Wolken billigen Parfüms. Die Freier schlichen den Wänden entlang, verrenkten sich die Hälse und spielten Sackbillard. Andere standen einfach auf dem Trottoir und fachsimpelten darüber, welche der Frauen viel Umsatz machte, welche Körperpartien an ihr das Geld wert seien, wie lange sie schon da stand und so weiter. Es war wie auf einem Viehmarkt.

In unauffälligen Familienkarossen sassen die älteren, biederen Männer, die zwischen Faszination und Abscheu schwankten. Die Familienschützer, die Fremdenhasser, die Stammtischpatrioten, die jene Werte beschworen, die sie ständig verrieten. Hier traf man sie. Hier vergassen sie ihr Gewäsch für ein paar Stunden, fickten Frauen aus allen Winkeln der Welt, Drogensüchtige, was immer. Sie grölten herum, wenn sie voll waren und sich stark fühlten, pissten an Ecken und kotzten aufs Trottoir. Dann gingen sie wieder nach Hause, eine saubere Schweiz verteidigen.»
Aus dem Roman: Köbi, der Held. © Krösus: Zürich 1998.

Willy Küng, Stadtrat von Zürich von 1982 bis 2002

Aufgewachsen bin ich am Rand des Langstrassenquartiers nahe dem Seebahneinschnitt in einer typischen Blockrandbebauung aus der Wende zum 20. Jahrhundert. Wir Kinder spielten sowohl in den Hinterhöfen als auch auf den Quartierstrassen. Es gab einige Läden, Handwerksbetriebe und Quartierbeizen sowie eine Synagoge im ruhigen Geviert. Anders das Langstrassenviertel, das mit seinen zahlreichen Bars und Wirtschaften und dem stark italienischen Gepräge viel farbiger war. Die Probleme eines Vergnügungsviertels hielten sich damals in Grenzen, und ich mag mich nicht erinnern, dass die Langstrasse bei uns einen schlechten Ruf gehabt hätte.

In den Schulhäusern Hohl und Feld hatten wir Mitschülerinnen und Mitschüler der zweiten Italienergeneration. Nur ihr Name erinnerte an die Herkunft, und diese interessierte kaum jemanden, waren doch unsere Eltern meist selbst Binnenmigranten. So stammte meine Mutter aus der Waadt, mein Vater aus dem Aargau. Sie waren nach ihrer Heirat aus beruflichen Gründen nach Zürich gezogen. Die Eltern meiner Frau kamen aus dem Tessin und dem St. Gallischen und lebten ebenfalls im Kreis 4, an der Lagerstrasse. So waren und sind wir beide typische Aussersihler.

Meine Jugendzeit stark geprägt hat das Werdquartier, weil ich in verschiedenen Vereinen der Kirchgemeinde St. Peter & Paul engagiert war. Deren Anlässe fanden jeweils im Casino Aussersihl statt, wo ich auch meine zukünftige Frau kennen lernte. Zum benachbarten Volkshaus hatte ich erst später Kontakt und bin jetzt in dessen Stiftungsrat.

Im Quartier war es übrigens unüblich, die Kinder in die Kantonsschule zu schicken. Auch in meinem Fall brauchte es die Ermunterung meiner Eltern durch die Lehrerin. Der zweite Mitschüler dieses Jahrgangs (1942), der diesen Schritt machte, war aus Ecuador zugewandert, hatte österreichische Wurzeln und war jüdischen Glaubens, weshalb ich ihm als Sekundarschüler jeweils am Sabbat die Schulmappe trug.

Mit der Heirat wurde ich dem Kreis 4 unfreiwillig untreu. Da wir keine Wohnung fanden, zogen wir in den Kreis 3. Trotzdem durfte ich ab 1970 den Kreis 4 im Gemeinderat vertreten. Noch immer fühle ich mich als Aussersihler und freue mich über die Toleranz der Stimmberechtigten, die fremdenfeindlichen Tendenzen widerstehen, obwohl ihnen aus dem heutigen Völker- und Sprachengemisch auch Probleme erwachsen.

Catalin Dorian Florescu, Schriftsteller

«Lucas Vater war mit den ersten Fremdarbeitern nach Norden gewandert, und gestossen war er auf die Schweiz. Sie gefiel ihm, also blieb er. Der Chef in der Fabrik sagte: ‹Du bist ein guter Arbeiter. Aus dir wird mal was.› Das schrieb er nach Hause, und zurück kam die Antwort, dass sie alle stolz waren, weil er bald was werden würde, Chef vielleicht. (...)

Lucas Vater war zufrieden, dass alle mit ihm zufrieden waren, und zog an die Seebahnstrasse. Das Klo im Hof. Zuerst kamen die Italiener, die Spanier, die Portugiesen, später die Jugoslawen und die Türken. Zuerst die Männer, nach vielen Jahren ihre Frauen. Die jüngsten Kinder blieben für lange Zeit bei den Grosseltern zurück, weil Geld und Raum fehlten. So auch Luca. (...)

Zwanzig Jahre lang sagte der Chef: ‹Aus dir wird mal was›, aber das wiederholte Lucas Vater zu Hause nicht mehr, sonst hätten sie ihn ausgelacht. Keiner glaubte mehr dran. Bis dann der Chef eines Tages etwas anderes sagte: ‹Du bist zu alt. Ich brauche einen Jüngeren.› So wurde Lucas Vater von einem Tag auf den anderen zum Stubenhocker, während seine Knochen sich von den Chemikalien in der Fabrik auflösten.

‹Ist das eine Welt›, rief er aus, und die Frau gab ihm einen Schubs. ‹Iss nur. Warmes Essen schmeckt besser als kalte Geschichten.›»

Aus dem Roman: Der kurze Weg nach Hause. © Pendo Verlag GmbH, Zürich 2002.

Esther Spinner, Schriftstellerin

Meine Freundin hiess Lucia. Ihren Namen betonten wir gut schweizerisch auf dem «u» statt auf dem «i». Dieses «Lùtschia» schien sie selbst nicht zu stören. Auch Lucia wusste nicht, wie die Autos in die Schaufenster von Mercedes-Benz gerieten. Ob sie die Scheiben herausnahmen dafür? Wenn sie das taten, taten sie es nachts, denn nie sahen wir, wie die Wagen ausgetauscht wurden. Oben in diesem Haus, im fünften Stock, sah man aus unserer Stube auf die Langstrasse hinunter bis hin zu einem dunklen Fleck – der Unterführung. «Tunnel», sagten wir, und meine Grossmutter behauptete, richtig Zürichdeutsch heisse es «Turnell». Vor dem Stubenfenster leuchteten rote Buchstaben. «Cinema Forum», entzifferte ich.

Verschwunden die Buchstaben, das Kino und das Herrenbekleidungsgeschäft Sütterlin, in dessen Räumen heute Haushaltgeräte verkauft werden. Verschwunden der Polizeiposten und das «Café Meteor». Geblieben sind die Bushaltestelle Kernstrasse, das Kanzleischulhaus und die Wagen von Mercedes-Benz, die noch immer verwundert und geheimnisvoll hinter Glas stehen.

Abdu Ghali, Musiker

Nach Zürich bin ich 1997 gekommen. Ein Freund hatte mich eingeladen, mit ihm in einem marokkanischen Restaurant Musik zu machen. Geplant war, dass ich acht Monate blieb. Der Anfang war schwierig. Alles war fremd für mich. Sogar das Einkaufen in der Migros machte mir manchmal Angst. Ich lernte dann andere Marokkaner kennen, die hier schon lange lebten. Ich spielte an sechs Tagen in der Woche. Das ging oft bis in den frühen Morgen. Die Gage war bescheiden, aber damals teilte ich noch eine Wohnung mit den anderen Musikern. Irgendwann ging das Restaurant zu. Ich hatte zu dieser Zeit bereits meine spätere Frau kennen gelernt, wir heirateten, und so konnte ich hier bleiben. Ich fand ein neues Engagement in einem türkischen Restaurant. Dort wurde ich wirklich schlecht behandelt, weshalb ich nach einem Jahr aufhörte und andere Jobs annahm: im Service, als Minibar-Kellner im Zug, als Lagerist.

Mit meiner Frau zusammen wohne ich im Langstrassenquartier. Ich lebe gerne im Kreis 4. Hier treffe ich auf Musiker mit unterschiedlichen musikalischen Wurzeln: aus der Schweiz, Afrika, Brasilien… Manchmal ergeben sich daraus längerfristige Sachen. Zum Beispiel eine Blues-Band, in welcher ich seit langem spiele. In einer anderen Formation machen wir modernen Rai. Ausserdem habe ich jahrelang traditionelle orientalische Musik gemacht. Die Auseinandersetzung mit unterschiedlichen Stilen interessiert mich. Die Zusammenarbeit mit der Jazzerin Co Streiff für ein Konzert hier im Quartier hat mich motiviert, noch mehr über westliche Musiktraditionen zu erfahren. Deshalb ist das Langstrassenquartier so wichtig für mich. Alles und alle sind da. Wenn ich auf die Strasse gehe, treffe ich sicher einen Kollegen. Es gibt aber auch Mühsames: die vielen Personenkontrollen auf der Langstrasse. Mit meinen Zöpfchen und meiner Hautfarbe fühle ich mich dort häufig unwohl. Aber zurück nach Meknes – das könnte ich mir auch nicht mehr vorstellen. Das Quartier ist mir, zumindest für den Moment, neue Heimat geworden.

Anselm Burr, Pfarrer der reformierten Kirche Zürich-Aussersihl
Vor 13 Jahren bin ich nach Aussersihl gezogen.

Wie viele vor und nach mir. Ich hatte aus den Medien vom Abstimmungskampf und der Niederlage rund um das Kanzleiareal gehört. Das fand ich spannend, lebendig. Das interessierte mich. Dann stolperte ich über eine Anzeige, dass man hier einen Pfarrer suche. Ich habe mich gemeldet. Jetzt arbeite ich seit 13 Jahren hier.

Ich bin Ausländer.

Wie viele hier. Manchmal kriege ich das zu spüren. An Kirchgemeindeversammlungen muss ich an einem Tisch Platz nehmen, auf dem ein grosses Plakat steht: «Für Nicht-Stimmberechtigte». Das schmerzt. Andererseits bin ich gut aufgehoben in dieser grossen Minderheit der Migrantinnen und Migranten, in dieser Normalität. Ich bin kein Fremder.

Wie ich sind viele geblieben und sind selbst immer wieder erstaunt darüber. Warum es mir hier gefällt? Vielleicht ist es die Mischung von Menschen und Schicksalen auf engem Raum? Vielleicht ist es die Mischung von Grossstadt und Dorf, die ich hier erlebe? Ich gehe gerne auf den Markt. Die Marktfahrer kennen mich. Mit manchen bin ich per Du. Auf dem Markt treffe ich jedes Mal Menschen, mit denen ich – manchmal vor Jahren – zu tun hatte. Viele kommen hierher zurück, auch wenn sie längst in ein anderes Stadtquartier gezogen sind.

Es gibt keine zwingenden Bindungen. Keine Verwandtschaftsbande, die mich festhält. Keine Im-Mobilie. Alles bewegt sich. Der Horizont ist offen. Täglich ist die ganze Welt hier zu sehen. Und ich gehöre dazu, wenn ich sage: «Ich weiss nicht, ob ich hier bleibe.» Ich werde deshalb nicht ausgegrenzt. Bis jetzt hat es sich gelohnt, hier zu bleiben. Ich habe das Liebenswerte an Aussersihl entdeckt.

Wie viel hat sich in den vergangenen 13 Jahren verändert! Wahrscheinlich gibt gerade dies mir das Gefühl, hier eine Heimat zu haben. Mein eigenes Leben verändert sich ja auch. Hier in Aussersihl habe ich nie das Gefühl, mich vor einer unveränderbaren Kulisse zu bewegen. Ich bin Teil eines lebendigen Organismus. Und der ist nicht nur krank und ausgebeutet, wie das manchmal dargestellt wird. Er ist auch widerstandsfähig, innovativ, regenerationsfähig.

Georgette Maag, Künstlerin

Gestern an der Tramhaltestelle, je ein Mann auf den beiden Inseln – in unterschiedliche Richtungen reisend, wartend. Der eine, auf und ab gehend, der ehemalige Stadtpräsident, stieg ein in den Achter Richtung Zentrum. Der andere, stadtauswärts, blieb sitzen, auf der Bank, wo er meistens sitzt.

Ich nenne ihn Celerina, seit er mir vor Jahren erzählte, er sei dort aufgewachsen.

Im letzten Sommer streckte er mir ein paar Münzen hin, als ich in all meinen Taschen suchend vor dem Billettautomaten stand. «Brauchen Sie Geld?»

«Oh, vielen Dank, nicht nötig, ich habs grad gefunden…» – Winkte ihm beim Abfahren zu.

Wie sollte ich all die Blicke deuten. Auch meine Mutter, die gerade zu Besuch war, schaute mich ziemlich fragend an. Na ja, in der Zeitung konnte sie solches nie lesen.

«Fast wie auf'm Dorf, gell», schmunzelte ich, selbst noch überrumpelt ob so viel Grosszügigkeit.

Geschichte(n) vom Langstrassenquartier

Hannes Lindenmeyer

Ankommen

Wer spätabends mit dem Zug von Italien her nach Zürich fährt, blickt kurz vor der Ankunft in eine hell erleuchtete, die Gleise unterquerende, enge Strasse: bunte Reklameleuchten, Scheinwerfer einer stehenden Autokolonne, die weit hinten im Dunkel des Häusermeeres beginnt – und links und rechts Trottoirs voller Menschen. Keine Minute später kommt der Zug im Hauptbahnhof an. Wer erster Klasse – vorne im Zug – gereist ist, steigt in Zürich aus; Zweitklass-Passagiere im hinteren Zugteil aber kommen in Aussersihl an: Unter der Perronhalle hindurch fliesst die Sihl, der Fluss, der die alte berühmte Stadt Zwinglis und der Zünfter von ihrer einstigen proletarischen Vorstadt trennt. Und die bunte Strasse, die vom Zug aus einen ersten Blick ins Zürcher Nachtleben gewährt, ist das Herz von Aussersihl, die Langstrasse.

Touristen und anderen Nichtzürchern ist die Sihl, der «mindere Fluss», wie Hugo Lötscher sagt, kaum bekannt. Welch bedeutsame innerstädtische Grenze auf den Sihlbrücken überschritten wird, weiss, wer im Langstrassenquartier zu Hause ist. Ältere Aussersihler können sich noch erinnern, wie die Buben Knie und Hände waschen und die Mädchen eine saubere Schürze anziehen mussten, wenn man hinüber «in die Stadt» ging. In umgekehrter Richtung hat es sich bei den Herren seit Jahrzehnten herumgesprochen, dass nach dem Geschäftsessen im Zunfthaus ein Gang hinüber an die Langstrasse den vergnüglichen Teil des Abends, das «Herrenprogramm», eröffnet. Auch wenn sie die Sihl kaum wahrnehmen, wissen sie sehr genau, dass dort drüben immer einiges los und einiges anders ist als in den übrigen Stadtteilen.

Die Langstrasse gehört zu den berühmten und berüchtigten Strassen der Schweiz; sie hat sich in der Literatur, im Film und in den letzten Jahren auch im Fernsehen einen Namen geschaffen, mehr als der Stadtteil, dessen Herz sie bildet. Aber sie ist ohne diesen Stadtteil nicht denkbar, sie wäre ohne die Geschichte Aussersihls nicht zu dem geworden, was sie heute ist. Wer sich für die Geschichte der Langstrasse interessiert, muss sich Aussersihler Geschichten erzählen lassen. Und viele, die im Langstrassenquartier leben, schreiben tagtäglich ein klein wenig an der Aussersihler Geschichte weiter: Strassen, Häuser, Hinterhöfe sind in Formen geronnene Stadtgeschichte. Menschen leben in ihnen, hängen da Wäsche aus dem Fenster, stellen dort ihr Velo ab und formen mit ihren Alltagsgeschichten die Stadt ein wenig mit – so wie Tausende von Menschen vor und hoffentlich noch viele nach ihnen.

Dieser Text nimmt uns auf einen kleinen Spaziergang durchs Quartier mit; wir forschen dabei nach Zeichen, die uns erzählen, wie aus unbedeutendem Schwemmland vor den Toren der Stadt ein einzigartiges Stadtquartier geworden ist. Dabei werden uns Fakten und eigene Erinnerungen, vor allem aber die Liebe der Autorinnen und Autoren dieses Fotobuches zu ihrem Quartier leiten.

An der Sihl

Wenn wir mit der Linie 31 vom Bahnhof her im meist überfüllten Bus an die Langstrasse fahren, finden wir uns selten unter den sonst landesüblich stummen Mitreisenden, sondern meistens inmitten lautstarker Gespräche, wobei die Unterhaltung im «Orientexpress» nicht auf Deutsch geführt wird. Auf der Gessnerbrücke überqueren wir die Sihl. Dieser wilde, ungezähmte Fluss, der sich heute noch nach einem Gewitterregen braun und voller Geäst durch die Stadt wälzt, erinnert uns Städter daran, dass es draussen noch unbebaute Natur gibt. Während Jahrhunderten war das Aussersihler Ufer kaum befestigt, die Sihl hat immer wieder überschwemmt. Das machte die Flächen entlang dem Ufer für Acker- und Gartenbau ungeeignet. Eine dieser grossen Flächen zwischen der alten Stadt und Aussersihl wurde um die Mitte des 19. Jahrhunderts ausersehen, die neuen Militäranlagen aufzunehmen, deren Vorgänger im Rahmen des Ausbaus der Bahnhofstrasse am Paradeplatz den vornehmen neuen Bankpalästen weichen mussten.

Wenn der Bus an der heutigen Station «Kaserne» halt macht, steigen aber keine Soldaten mehr aus; seit 30 Jahren wird darüber debattiert, was mit diesem weiten Areal geschehen soll. Und solange debattiert wird, dient das Gelände langjährigen

Provisorien: zur Unterbringung von Asylsuchenden, zum Gefangenhalten von Menschen, die in ihre entfernten Herkunftsländer zurückgeschoben werden sollen, zur Beschäftigung von Arbeitslosen und Straftätern, als Anlaufstelle für kranke Obdachlose.

Diese Einrichtungen schreiben fort, was in Aussersihl seit Jahrhunderten praktiziert wird: diejenigen aufzunehmen, die in der Stadt als unbeliebt erachtet werden. Schon im 12. Jahrhundert wurden die Aussätzigen ins Siechenhaus St. Jakob an der Sihlbrücke abgeschoben; nahe davon befand sich, übrigens ebenfalls auf Aussersihler Boden, die Cheibengrube, wo die Tierkadaver, aber auch die Leichname der Gehenkten begraben wurden. «In dieser Nachbarschaft sich anzusiedeln, mag niemanden besonders gelüstet haben», meint dazu Ernst Böschenstein in einer Broschüre von 1892. Auch wenn es sie nicht sonderlich gelüstete, siedelten sich seit dem 14. Jahrhundert rund um Siechenhaus und Cheibengrube notgedrungen Leute an, deren Dienste die Städter wohl in Anspruch nehmen, die sie aber nicht als Mitbewohnerinnen und Mitbewohner aufnehmen wollten: Knechte, Dienstmädchen, Prostituierte, Hilfspersonal eben. Und ihr Quartier hat seinen Namen bis heute behalten: «Chreis Cheib».

Haltestelle Militär-/Langstrasse

An der Kreuzung von Militär- und Langstrasse, an der Busstation «Mili/Lang», steigen wir aus – mitten in eine Traube von Menschen aus aller Welt: Mehr als 90 verschiedene Nationalitäten werden im Langstrassenquartier gezählt. Das mag auswärtige Quartierbesucherinnen und -besucher erstaunen, vor allem dann, wenn sie hören, dass selbst die Schulkinder von der Langstrasse aus 80 Nationen stammen, fremdenfeindliche Parteien in diesem Quartier aber noch nie eine Chance gehabt haben. Wie kam das?

Wir drehen uns um, mit Blick dorthin, wo die Langstrasse unter einem weiten Gewölbe die zehn Gleise der Bahnanlagen unterquert. Die Bahnanlagen haben vor 150 Jahren einen eisernen Gürtel ums Langstrassenquartier gelegt. Um die Mitte des 19. Jahrhunderts, als in Zürich das Eisenbahnzeitalter mit dem Anschluss nach Basel begann, musste Platz für die dafür notwendigen, grossflächigen Gleisanlagen geschaffen werden. Der Kopf des Bahnhofs, der herrschaftliche Bahnhofpalast, erhielt seinen Platz direkt auf den geschleiften Mauern der Stadt, der industrielle Teil der Anlage hingegen, die weiten Gleis- und Rangierfelder, kam nach Aussersihl zu liegen, das damit mitten entzweigeschnitten wurde. Nur für den «Langweg», wie die Langstrasse zuerst hiess, wurde eine durchgehende Verbindung mit sieben Barrieren geschaffen, die nach 1893 zu einer Unterführung ausgebaut wurde (siehe Abb. 101).

Und diese Anlagen mussten gebaut, die Industrieanlagen des boomenden Industriestandortes Zürich mussten betrieben werden. Industrialisierung und Eisenbahnbau-Boom haben ab 1850 Arbeitskräfte aus für damalige Verhältnisse weit entfernten Gegenden angezogen: Süddeutschland, Elsass, Graubünden, Tessin, später Oberitalien. Schon während dieser frühen Einwanderungswelle wurden Arbeitskräfte geholt, und es kamen – wie Max Frisch sagte – Menschen, vor allem junge, allein stehende Männer. Ihnen und den aus dem eigenen Land an die Zürcher Industriearbeitsplätze strömenden ärmlichen Familien konnte in der alten, engen Stadt nicht ausreichend Wohnraum angeboten werden; es wurde unternehmerisch interessant, auf dem günstigen Schwemmland im Westen der Stadt rasch und billig Wohnbauten hochzuziehen.

Hinterhöfe, Blockrandbebauung

Wir spazieren nun auf dem schmalen Trottoir der Langstrasse dem Helvetiaplatz zu; links und rechts münden Seitenstrassen ein, scheinbar ein Schachbrettmuster nach amerikanischem Vorbild. Wer genau hinsieht, bemerkt aber, dass die Langstrasse ihre Seitenstrassen nicht recht- sondern schiefwinklig schneidet. Die Langstrasse war bis zur Mitte des 19. Jahrhunderts schlicht und einfach einer der drei Feldwege, die von Wiedikon in die Schwemmlandebene der Sihl hinüberführten, der «Langweg». Dieser führte zu den kleinen, armseligen Äckerlein der Wiediker Bauern, die links und rechts des «langen» Feldwegs als schmale «Hosenträgerparzellen» angelegt waren – und die den Verlauf der heutigen Querstrassen wie zum Beispiel der Schönegg-, Sihlhallen- oder Rolandstrasse festlegten. Die einzige Strasse Aussersihls, die sich einer wahrhaft historischen Bedeutung rühmen könnte, ist die Hohlstrasse, die in römischer Zeit

Turicum mit Baden verband, später dann durch die parallel laufende Badenerstrasse ersetzt und zum Feldweg ins Hard hinunter degradiert wurde.

Der Blick der Langstrasse entlang in die Seitenstrassen hinein zeigt uns: Haus an Haus, dicht bebauter Stadtraum. Seit Anfang der 1890er-Jahre sind die einstigen «hosenträgerschmalen» Äckerlein links und rechts der Langstrasse vollständig und dicht mit Häusern überbaut. Die dichtest mögliche Bebauung ist die so genannte «Hofrandbebauung»: Zehn bis zwanzig Gebäude, alle in verschiedenem Besitz – der in der Anfangszeit oft und rasch die Hand wechselte – wurden in geschlossenen Zeilen entlang den Grundstücksgrenzen aneinander gebaut und umschlossen so einen Innenhof. Die Grundstücke wurden zumeist auch noch mit einem niederen, gewerblichem Gebrauch dienenden Hinterhofgebäude bebaut. «Nur in Aussersihl, wo die Mietskasernen grosse Häuservierecke bilden, weiss man, was ein Hof ist, so ein richtiger Hof, in dem sich alle Kinder der angrenzenden Häuser sammeln. Mehr denn hundert Fenster schauten auf unsern Hof hinab, und die Wände widerhallten vom Gejohle und Geschrei der spielenden Kinder», beschreibt Paul Wehrli in seinem autobiografischen Roman seine Jugenderinnerungen an das Aussersihler Hinterhofleben.

Die Normalbelegung einer Dreizimmerwohnung im Langstrassenviertel bestand in der Zeit ihrer Erstellung nebst der Familie des Hauptmieters, die sich in der Küche und in einem der Zimmer aufhielt, aus einer Vielzahl von «Schlafgängern» in den anderen zwei Zimmern und allenfalls in der zur Wohnung gehörenden Mansarde: junge, ledige Männer, die Hilfs- und Bauarbeiten nachgingen oder danach suchten, sowie Frauen, die, wenn sie nicht in der Industrie oder im Klein- und Gastgewerbe Arbeit fanden, dienende Berufe in anderen Stadtquartieren ausübten. Die wenigen Stunden Feierabend, die den Männern in einer 80-Stunden-Woche blieben, verbrachten sie in Gastbetrieben und Schnapsbuden. Die typische Aussersihler Strassenkreuzung wurde in dieser Aussersihler Gründerzeit der 1890er-Jahre von vier Gaststätten, in jeder Ecke eine, umsäumt. Schnapsbuden befanden sich teilweise im ersten Stock.

In Innern der Hinterhöfe betrieben Kleinbetriebe noch bis in die 1980er-Jahre ein vielfältiges handwerkliches und kleinindustrielles Gewerbe: Schreinereien, Metall-werkstätten, Druckereien, Installationsgeschäfte, Textilbetriebe, Altstoffhandel, später auch Autobetriebe, Fahrradwerkstätten. Diese dichte Mischung von einfachen, billig erstellten, mehrfach belegten Wohnungen, Gastgewerbe, Handwerk und Kleinindustrie prägt das Langstrassenviertel seit seiner Erstbebauung. Auch die Kleinparzellierung des Quartiers links und rechts des alten Langweges angelegt, hat sich bis heute erhalten; ebenso die Aufsplitterung des Haus- und Grundbesitzes auf eine unübersichtliche Vielzahl von Besitzern – ganz im Unterschied zu den angrenzenden, erst später bebauten Stadträumen entlang oder bereits jenseits der Bahneinschnitte im Westen, Norden und Osten, wo kommunaler und genossenschaftlicher Wohnungsbau die Quartiere prägt.

Die einzige «internationale Grossstadtstrasse»

Wir kehren von unserem Spaziergang in die Hinterhöfe zurück ins pulsierende Leben der Langstrasse, zwängen uns zwischen den schlendernden, eiligen oder in Gruppen herumstehenden Menschen den Läden, Wirtschaften, Imbissbuden, Kaffeehäusern entlang. «Diese Langgasse in Aussersihl, das ist die einzige ‹internationale Grossstadtstrasse› in dieser Stadt. Es könnte die Rue du Temple in Paris, die Bloomsbury Road in London, die Fliederstrasse in Berlin sein, es sind die gleichen Leute, die gleichen Häuser, die gleiche Art des Zusammenlebens», schreibt Kurt Guggenheim in seinem Stadtroman «Alles in Allem» schon über die Langstrasse der 1920er-Jahre.

In der ersten Hälfte des 20. Jahrhunderts prägten vor allem Einwanderinnen und Einwanderer aus Italien das Bild des Quartiers. Bis in die 1960er-Jahre wurde die Langstrasse die «Bahnhofstrasse der Italiener» genannt – und die wenigen bis heute noch verbliebenen Geschäfte aus jener Zeit erinnern sich mit Wehmut an diesen bescheidenen, aber durchaus umsatzfördernden Ehrentitel. Wer die Geschäftsauslagen an der Langstrasse betrachtet, kann noch einige «Klassiker» jener zweiten Bahnhofstrasse entdecken, so zum Beispiel die Chemieserie Hauenstein an der Ecke Dienerstrasse oder das Textilgeschäft Rubinfeld an der Ecke Brauerstrasse (siehe Abb. 43 und 46).

Eine zweite wichtige Immigrationsgruppe bildeten in den «Gründerjahren» der Langstrasse die jüdischen Einwanderinnen und Einwanderer. Während sich die Westjuden im gediegenen Engequartier niederliessen, fanden die oft ärmlichen Zuwanderer aus Osteuropa in Aussersihl geeignete Wohnungen und Arbeitsmöglichkeiten in den zahlreichen kleingewerblichen Textilbetrieben. Kurt Guggenheim beschreibt in seinem Roman «Alles in Allem» eindrücklich das Leben von zwei ostjüdischen Familien in Aussersihl, deren Alltag sich in einem Stadtraum von etwa einem Kilometer im Geviert abspielte: Aussersihl, das «Schtetl an der Sihl».

Die damaligen und heutigen Zugewanderten verhielten und verhalten sich so wie Zuwanderer in allen Grosstädten der Welt: Die erste Generation einer ethnischen Gruppe besiedelt einen schlecht ausgestatteten, innerstädtischen, für Einheimische nicht attraktiven Stadtbezirk; die Nächsten folgen ihnen dorthin, weil sie hier ihre Landsleute treffen und sich hier nun schon entsprechende Läden und für sie zugängliche einfache Arbeitsplätze befinden. Nach ihrer Assimilierung ziehen viele von ihnen dann in Stadt- und Landesgegenden, die sie als attraktiver bewerten. Das Langstrassenviertel hat bis heute die Funktion eines schweizerischen «Ellis Island» – jene Insel im Hafen von New York, auf der alle Einwanderinnen und Einwanderer in die USA bis 1947 die Quarantäne verbringen mussten. Hier kommen die Zuwanderer aus aller Welt erstmals an, bringen ihre Lebensweisen mit und beginnen sich mit europäischer, schweizerischer und vor allem auch der Lebensweise anderer Zugewanderter vertraut zu machen; das hat dem Quartier seine geradezu sprichwörtliche kulturelle Vielfalt beschert, einmal aber auch eine sehr schwierige, die Quartiergeschichte und das Ansehen des Quartiers nachhaltig prägende Zeit.

Rappengasse/Rolandstrasse

An diese Zeit erinnern wir uns, wenn wir auf unserem Spaziergang die Rolandstrasse kreuzen, einer der Schauplätze des so genannten Italienerkrawalls. Als 1896 nach einer nicht ganz quartierunüblichen Rauferei in einer heissen Sommernacht ein erstochener, vermutlich betrunkener Elsässer namens Remetter auf dem Pflaster liegen

blieb und ein vermutlich ebenfalls betrunkener Italiener verdächtigt wurde, ging im Quartier eine eigentliche Italienerhetze los, die während mehreren Tagen die ganze Stadt in Atem hielt. Die Stadtbehörden setzten schliesslich zur Wiederherstellung von Ruhe und Ordnung Militärkräfte ein. Da besann sich die rasende Menge auf ihre Zugehörigkeit zur Arbeiterschaft und widersetzte sich als Ganzes der Obrigkeit – was in allgemeine Randale ausartete. Besonders laut und heftig soll es in der Rappengasse zugegangen sein. Diese erlangte aufgrund des Vorfalls in den schweizerischen Medien eine solche Berühmtheit, dass Monate später ihre Bewohner mit einer Petition ihre Umbenennung in die unverdächtige Rolandstrasse erwirkten – so wie die Strasse auch heute noch heisst. Das Quartier aber hat seinen neuen Übernamen, das «Scherbenviertel», bis heute behalten (siehe Abb. 22).

Die Ereignisse rund um den Italienerkrawall haben sowohl die Organisationen der damals jungen schweizerischen Arbeiterbewegung wie auch die im Zwingli-Zürich marginale katholische Kirche auf den Platz gerufen; im «Arbeiterquartier» haben sich fünfzehn Jahre später die Gewerkschaften im Volkshaus am Helvetiaplatz und die Missione Cattolica Italiana zuerst an der Hohlstrasse 86, heute an der Feldstrasse, eingerichtet.

Brauerstrasse

Von friedlicheren Zeugen aus der bewegten Geschichte des Langstrassenquartiers können wir berichten, wenn unsere Besucher über die bunte kulinarische Vielfalt staunen: Es gibt kaum eine hier lebende Nation, die nicht ihre spezielle Küche anbietet, mindestens einmal im Jahr am 1. Mai im Zeughofareal. Die ersten Zuwanderinnen und Zuwanderer waren auch die Ersten, die ihre heimatlichen Leibspeisen mitbrachten. Das Mutterhaus der weltoffenen Menükarte des Langstrassenquartiers liegt an der Brauerstrasse 15. Dieses Haus kaufte 1887 der geschäftstüchtige Weinbauer Papagni aus Italien; er bekam das Gebäude billig, da die darin untergebrachte Brauerei, die der Strasse ihren Namen gegeben hat, im vernichtenden Konkurrenzkampf der unzähligen Kleinbrauereien in Zürich Konkurs gegangen war. Und er führte ein für Zürich unbekanntes, für die Tausenden von italienischen Einwanderer aber hochwillkommenes Angebot ein: italienischer Wein und Spaghetti. Die ersten Spaghetti nördlich der Alpen wurden waschzuberweise an den Tischen ausgeschöpft – womit die bis heute anhaltende, erfolgreiche und für alle Beteiligten erfreuliche Tradition begründet wurde, dass im Langstrassenquartier alle Zuwanderinnen und Zuwanderer zum heimatlichen Tische laden. Die Familie Papagni hat 1912 das Hotel Italia an der Zeughausstrasse eröffnet. Im «Ristorante Italia» wird noch heute eine authentische «cucina della mamma» angeboten.

Während unseres kurzen Spaziergangs von der Busstation Mili/Lang bis zur Brauerstrasse sind sie wohl unübersehbar geworden: Die selbstbewussten Damen auf spitzen Schuhen, die langsam das Trottoir auf- und abflanieren, vor Hofeingängen stehen oder sich leichtbekleidet aus Parterre-Fenstern der Seitenstrassen lehnen. Sie haben seit über hundert Jahren zur Bekanntheit des Quartiers massgeblich beigetragen. «Noch meine Mutter – als sie im Villenviertel am Zürichberg oben bei ihrer Herrschaft arbeitete – wurde vor Aussersihl gewarnt, als wäre dies ein Ort, wo kein anständiges Mädchen sich hingetraue», schreibt Paul Wehrli in seiner Autobiografie über die 1890er-Jahre an der Langstrasse. Zum Auftakt in der Zeit des ersten Baubooms haben Kaserneneröffnung und Eidgenössisches Schützenfest – auf das wir noch zu sprechen kommen werden – das ihre dazu beigetragen, dem noch anonymen Neubauviertel ausserhalb der alten Stadt am Rand des (Männer-)Festareals einen zweifelhaften Ruhm – wohl weit über Zürich hinaus – zu verschaffen: Dies sei ein Ort, «wo sich kein anständiges Mädchen hingetraue», die unanständigen aber schon (siehe Abb. 72).

Ab 1880 taucht in Zürich erstmals aktenkundig ein Phänomen auf, das vorher nur in Grossstädten bekannt war: die Strassenprostitution. Bis zu diesem Zeitpunkt spielte sich «das älteste Gewerbe der Welt» in überschaubaren Kleinstädten wie Zürich ausschliesslich in Bordellen im diskreten privaten Bereich ab, hermetisch von der Umwelt abgeschnitten. Erst die Anonymität der Grossstadt machte die «freie, eigenunternehmerische Prostituierte im Sinn einer Professionalisierung ihres Gewerbes» (Anita Ulrich) möglich.

Gemäss einer Untersuchung des kantonalen Sanitätsrates von 1891 waren die Strassenprostituierten Zürichs «zumeist Auswärtige, da hier geborene andere Verdienstmöglichkeiten finden respektive durch familiäre Integration die Kosten tiefer halten können als zugewanderte Hilfsarbeiterinnen, die mit dem Arbeiterinnenlohn die Lebenskosten nicht decken können». In Abwandlung von Max Frisch könnte man hier anmerken: Es wurden Dirnen geholt, und es sind Frauen gekommen …

Der Sanitätsrat stellte in Zürich zwei räumliche Schwerpunkte des damals neuen Phänomens der Strassenprostitution fest: Niederdorf und Aussersihl. Der Schwerpunkt in Aussersihl lag im so genannten Räuberhöhlenquartier, gleich neben der heutigen Langstrassenunterführung, sowie an der Brauerstrasse 24, wo schon seit Anfang der 1870er-Jahre das erste Bordell betrieben wurde. Im Unterschied zum Niederdorf benutzten die Dirnen in Aussersihl bestehende Wohnungen von ledigen Männern und teilweise auch von Frauen – vergleichbar mit den Schlafgängern –, manchmal benutzten sie sogar deren Wohnstube. Die Freier im Langstrassenviertel werden im Bericht als unterschichtig bezeichnet; hier werde das billigere Angebot bei einem Preis von fünf Franken gesucht, was aber den von der Prostitution Profitierenden immer noch einen gegenüber den anderen Quartierbewohnern gehobeneren Lebensstil ermögliche.

Was den bürgerlichen Frauen um die Wende zum 20. Jahrhundert und noch lange danach verwehrt blieb, war in Aussersihl gang und gäbe: Frauen hatten auch ohne männliche Begleitung Zugang zu Wirtschaften und Vergnügungslokalen und nutzten diese Möglichkeit auch – nicht nur Prostituierte, lebten hier doch viele allein stehende Arbeiterinnen, Dienstbotinnen und Serviererinnen.

Eine besondere Rolle spielten um 1910 die «Zigarreusen» von der Langstrasse: Frauen, die Zigarrenläden führten und zur Tarnung Zigarren verkauften, effektiv aber von der Prostitution lebten. Diesen Zigarreusen, die in den Hinterzimmern Freier bedienten, war auf gesetzlichem Weg kaum beizukommen. Sie wurden von der Handelsfreiheit des Zigarrengeschäfts, das an keine Konzession und kein Patent gebunden war, geschützt.

Inzwischen sind wir auf unserem Spaziergang entlang der Langstrasse zur Kreuzung mit der Hohlstrasse gekommen, deren lange historische Vergangenheit wir schon erwähnten. Wir stehen vor dem Restaurant Krokodil. Ab 1974 war die «Bierhalle zum Krokodil», einst ein Cabaretlokal, in dem in den 1930er-Jahren Fredi Scheym aufgetreten sein soll, der allabendliche Treffpunkt einer neuen Gruppe von Quartierbewohnerinnen und -bewohnern: junge «Inländerinnen und Inländer», die nach 1968 als Erste die staubigen Lebensformen der 1950er-Jahre ablegten, in Wohngemeinschaften lebten und sich von der geradlinigen Berufslaufbahn verabschiedet hatten. Sie fanden im Langstrassenquartier nicht nur den für ihre Lebensvorstellungen geeigneten Toleranzraum, sie fanden vor allem günstige Wohnungen, nachdem in der Folge der ersten Wirtschaftskrise der Nachkriegszeit von 1973 Tausende von «Fremdarbeitern» die Schweiz und damit auch die Arbeiterquartiere verlassen mussten. Die Schweiz exportierte ihre Arbeitslosigkeit nach Südeuropa, in Aussersihl fasste die 68er-Generation Fuss. Die Geschichte der Arbeiterbewegung, auf die wir an der nächsten Station unseres Spaziergangs noch eingehen werden, hat das Quartier für sie besonders attraktiv gemacht.

Ein heisses Thema während der langen Krokodilabende, die sich immer bis lange nach der damals noch gültigen Polizeistunde an der so genannten «Krokibar» draussen auf dem Trottoir rund um den Abfallkübel hinzogen, war die Langstrassenunterführung, die wir bereits am Anfang unseres Spaziergangs kennen gelernt haben: Inbegriff für die Luft- und Lärmbelastung des benachteiligten Stadtquartiers. Die Unterführung war ein geeigneter Kristallisationspunkt, um «die Widersprüche kapitalistischer Stadt- und Verkehrsplanung aufzuzeigen». Die im Kroki beheimatete Gruppe «Luft und Lärm» machte ihren Quartierkampf nicht nur mit Flugblättern bekannt; Strassenaktionen, Demonstrationen, Besetzungen der Unterführung waren Eskalationsschritte, die wiederum im Kroki für lange Abende Gesprächsstoff boten. Als im Herbst 1981 einer dieser Abende auf dem Trottoir von der Polizei gewaltsam unterbrochen wurde, ging dieses Ereignis unter dem Begriff «Krokischlacht» in die Quartiergeschichte ein.

1979 übernahm die Gruppe Luft und Lärm «die Kontrolle» über fünf alte Häuser an der Hellmutstrasse, 200 Meter vom Stammlokal entfernt. Diese «Kontrollnahme» war nicht nur Zeichen einer neuen, offeneren Haltung der Stadt gegenüber Hausbesetzungen, sie bildete auch den erfolgreichen Grundstein für die einzige Wohngenossenschaft im inneren Langstrassenquartier, die Siedlung Hellmutstrasse. Die Wohngenossenschaft erhielt nach 1984 den städtischen Boden legal im Baurecht und ergänzte 1991 die alten Häuser mit einem architektonisch beachtlichen Neubau.

1980 war die 80 Meter lange Hellmutstrasse für einige Wochen in aller Mund, sie bekam eine ähnliche landesweite Berühmtheit, wie wir sie bei der Rappengasse kennen gelernt haben: Damals, als in den Zeitungen bekannt wurde, dass «Herr und Frau Müller» in den von der Stadt freigegebenen Hellmuthäusern wohnten. Herr und Frau Müller hatten es gewagt, mit einer paradoxen Intervention live am Schweizer Fernsehen zwei Zürcher Stadträte öffentlich ins lächerliche Abseits zu führen – ganz im Geist des einstigen Cabarets Krokodil.

Von der Hohl- zur Stauffacherstrasse

Nach der Kreuzung mit der Hohlstrasse weitet sich die Langstrasse; sie zeigt hier ihr Profil, wie es in der Stadtplanung der 1930er-Jahre vorgesehen war: eine breite, mehrspurige Verkehrsachse, die einst vorgesehen war, den Tangentialverkehr rund um die Innenstadt aufzunehmen. Das Planungsvorhaben mit entsprechender Festlegung der Baulinien in die bestehenden Häuserzeilen hinein hat die Gebäude an der mittleren Langstrasse, an denen wir soeben vorbeigegangen sind, «festgefroren», wäre es doch nach einem Abbruch unmöglich gewesen, an gleicher Stelle wieder ein Haus zu errichten.

Bei der Kreuzung der Lang- mit der Stauffacherstrasse sehen wir schräg gegenüber den klassizistischen Bau des Kanzleischulhauses, mit Baujahr 1862 ein Bauzeuge aus der frühen Zeit der Gemeinde Aussersihl. Noch zur Zeit des ersten grossen Baubooms in Aussersihl gab es rund um das Zentralschulhaus, wie das «Kanzlei» früher hiess, genügend freie Flächen, um hier das Eidgenössische Schützenfest von 1872 abzuhalten. Die 300 Meter lange Schiessanlage befand sich zwischen dem heutigen Helvetiaplatz und dem heutigen Feldschulhaus, die obere Langstrasse, die wir soeben durchschritten haben, war damals also noch nicht überbaut.

Der feierliche Anlass des Schützenfestes, für den eigens ein Springbrunnen erstellt wurde, hat den Aussersihler Kindern die erste Frischwasserleitung in ihr Schulhaus gebracht; bis dahin wurden nämlich alle Häuser, auch das Schulhaus, mit Wasser aus Sodbrunnen versorgt, die nur wenige Meter neben den Kloaken angelegt waren und entsprechende gesundheitliche Risiken bargen. Nicht die Gesundheit der Kinder, sondern die Ehrbezeugung gegenüber der Schützenwelt hat der Hygiene in der armen Gemeinde Aussersihl zum Durchbruch verholfen.

Auch sonst hat das Schützenfest Wirkungen gezeigt, über die wir uns noch heute freuen dürfen: Der Schiessstand hat eine Grossparzelle geschaffen, die als öffentlicher Freiraum dem damals grassierenden Bauboom entzogen wurde. Es lohnt sich, auf unserem Spaziergang eine kleine Schlaufe rund um den einstigen Festplatz einzulegen: Am westlichen Ende des Areals wurden in den 1890er-Jahren die Schulhäuser Kernstrasse (1888) und Feldstrasse gebaut und dazwischen Aussersihls grüne Lunge, die Bäckeranlage, geschaffen.

Bäckeranlage

Wenn wir heute die «Bäcki» an einem warmen Sommertag besuchen, treffen wir auf Hunderte von Stadtmenschen, die sich auf der weiten Wiese in der Sonne räkeln: Kinder auf Schaukel und Rutschbahn, Betagte aus dem nahen Aussersihler Altersheim im Schatten der alten Bäume, Mütter, deren Kopftücher an ihre islamische Heimat erinnern, Lehrerinnen, Bürolisten in der Mittagspause auf den Bänken der Parkbeiz, später am Nachmittag dann abgelöst von Linksintellektuellen, erkennbar an ihren schmalen, schwarzen Brillen, in der Abenddämmerung dann Esoteriker, Meditationsgruppen, Liebespaare … (siehe Abb. 60, 61 und 64).

In diesem Park haben im Lauf der letzten Jahrzehnte allerdings schon ganz andere Zustände geherrscht: 1901 als streng geometrische städtische Grünanlage entlang der damaligen Bäckerstrasse eingeweiht – eher «Stadtplatz» denn Erholungspark –

verwilderte die Anlage bis in die 1930er-Jahre. «Lichtscheues Gesindel» treibe nachts dort sein Unwesen, klagt ein Bericht des Stadtrats Anfang der 1930er-Jahre über die fast dschungelhaft eingewachsene Grünanlage. 1937 wurde sie deshalb vollständig umgebaut, Baumbestand und Buschwerk wurden stark gelichtet, Wegnetz und Liegewiesen «malerisch» angelegt und 1943 die beliebten «Rössli» aufgestellt, die von Bildhauer Wening eigentlich als Zebras gedacht waren. Tausende von Firmkindern aus der nahen Missione Cattolica sind im Lauf der Jahrzehnte in ihren weissen Gewändern zum Fototermin auf die heute goldblank gewetzten Rössli gestiegen, Liebende lassen sich eng umschlungen darauf abbilden – wohl das beliebteste Fotosujet im Langstrassenquartier (siehe Abb. 64).

In den 1970er-Jahren wurde die Bäckeranlage – die damals offiziell «Aussersihler-Anlage» hiess, weil die Bäckerstrasse seit 1960 am Helvetiaplatz endet – immer mehr von jenen Quartierbewohnerinnen und -bewohnern in Anspruch genommen, die ihr beschwertes Leben nur mit Alkohol zu bewältigen verstehen und diesen im nahe gelegenen Restaurant Schönau günstig und in grossen Mengen konsumieren konnten. Im Musikpavillon richteten sich Gruppen von alkoholabhängigen Menschen häuslich ein, eine zweite Gruppe baute nahe dem Kinderbädli ein Camp auf, das zeitweise sogar mit einem Hühnerhof ergänzt kleinbäurischen Charakter erhielt.

Gegen Ende der 1990er-Jahre wurde der Park zunehmend von Menschen, die sich auf härtere Drogen als Alkohol eingelassen hatten, bewohnt. Die Bevölkerung mied in dieser Zeit den Park. Nach einer spektakulären Aktion des «Aussersihler Bankvereins», einer Gruppe von Anwohnern, die Parkbänkli abschrauben und so den Park wieder für alle öffnen und den Parkbewohnern eine weniger dominierende Stelle zuweisen wollte, griffen die Behörden ein. Die Anlage wurde im Frühjahr 2001 geschlossen und kurze Zeit später, mit einem Parkcafé und einem mobilen Polizeiposten, wieder eröffnet.

Helvetiaplatz

Nach diesem Abstecher zur Bäckeranlage kehren wir zum Abschluss unseres Spaziergangs zurück auf den Helvetiaplatz. Was sich uns heute als Platz vorstellt und seit

1898 auch so genannt wird, ist eigentlich ein unüberbaubares Restgrundstück, das vom Schützenfest von 1872 übrig blieb und wegen der hier zusammenlaufenden fünf Strassen nicht mehr sinnvoll verwendet werden konnte. Neben dem 1963 erbauten Gebäude des Sozialamts dominiert ein «Trutzbau» den Platz: das Volkshaus, bis in die 1980er-Jahre noch mit «alkoholfrei» angeschrieben. Nach dem Italienerkrawall und angesichts des grassierenden Alkoholismus in der verwahrlosten Bevölkerung des Langstrassenviertels waren es Religiös-Soziale, Abstinenzler und Gewerkschafter, die das Haus der Zürcher Arbeiterbewegung im Jahr 1911 einweihten.

«Die grossen Städte sind der Herd der Arbeiterbewegung, in ihnen haben die Arbeiter zuerst angefangen, über ihre Lage nachzudenken und gegen sie anzukämpfen», schreibt Friedrich Engels. Feiern zur Russischen Revolution, Generalstreik, antifaschistische Demonstrationen in den 1930er-Jahren, Protestversammlungen im Heizmonteur- und im Kohlenarbeiterstreik, Mieterkampf, Demonstrationen im Zeichen der internationalen Solidarität der 1968er-Jahre, Demos für eine andere Stadtkultur in den 1980er-Jahren. – Auch heute versammeln sich Überzeugte, Bewegte und Empörte auf dem Helvetiaplatz, nehmen grosse und kleinere Menschenmengen die Langstrasse mit ihren Protestmärschen in Beschlag und machen so ihre Anliegen öffentlich. Es gibt wohl kaum ein Thema der schweizerischen Linken, das nicht in eine Rede auf dem Helvetiaplatz aufgenommen wurde.

Es war deshalb naheliegend, diesen Platz mit einem entsprechenden Denkmal auszustatten: Die Stadtbehörden haben sich für das doch ziemlich hausbackene «Denkmal der Arbeit» entschieden. 1952 von Karl Geiser entworfen – es heisst, der Künstler sei selbst nie glücklich gewesen über seinen Entwurf – wurde es erst nach dessen Tod am 1. Mai 1964 eingeweiht. Die Einweihung fand während des 1.-Mai-Umzugs in Abwesenheit der Arbeiterschaft statt, da sich deren Vertreter gegen dieses Monument ausgesprochen hatten. Es ist heute im Quartier als «Denkmal der unbekannten Einkaufstasche» bekannt (siehe Abb. 98).

Aussersihl und die Langstrasse sind zum Inbegriff des «Arbeiterquartiers» geworden – obschon die organisierten Arbeiterinnen und Arbeiter nach ihrem erfolgreichen Einzug in die Institutionen des Roten Zürich das Quartier verliessen. Sie zogen ins Industriequartier, nach Wiedikon, Unterstrass, später nach Altstetten, Wollishofen und Schwammendingen in genossenschaftliche und städtische Siedlungen, welche nach hygienischen und sozialen Gesichtspunkten erbaut wurden. Das Langstrassenviertel überliessen sie den Neuzuziehenden und Subproleten. Es sind weniger die Einwohnerinnen und Einwohner als die historischen Ereignisse, welche die Langstrasse zum Arbeiterquartier machten. Man darf aber nicht vergessen: In jedem Hinterhof, in allen Parterrelagen entlang der Langstrasse haben bis in die 1990er-Jahre Kleingewerbetreibende ihre kleinen Fabriken, Garagen, Werkstätten, Läden betrieben; Aussersihl ist auch ein «Gewerblerquartier», wo zur Mittagszeit in traditionellen Lokalen, zum Beispiel im «Pflug», «Eichhörnli» oder in der «Jägerburg», noch bis vor kurzem bodenständige Handwerker den Ton angegeben haben.

Kanzlei

Werfen wir zum Schluss unseres Spaziergangs noch einen Blick auf die andere Platzseite, zum «Kanzlei», aus dessen älterer Geschichte wir schon erzählt haben. Nach 1994 schockierte der ehrwürdige Bau aus der Gründerzeit der Zürcher Volksschulen mit einer frechen, bunten Bemalung: Die Benutzerinnen und Benutzer, die von 1984 bis 1992 hier das alternative Quartierzentrum betrieben, hatten die Fassaden zum traurigen Abschied, der durch zwei städtische Volksabstimmungen erzwungen worden war, in Nacht und Nebel bemalt. Das Zentrum war dem Stadtrat nach den 1980er-Unruhen abgetrotzt worden: Als an einer öffentlichen Versammlung der zuständige Hochbauchef eine Polizeiaspirantenschule im Kanzleischulhaus beliebt machen wollte, wurden die anwesenden Politiker nicht nur mit einer Welle der Empörung, sondern vor allem mit so vielen Ideen für kulturelle und soziale Aktivitäten im benachteiligten Langstrassenviertel konfrontiert, dass die Stadt kurz darauf einen Versuchsbetrieb für das geforderte Quartierzentrum bewilligte. Während acht Jahren wurde im alten Schulhaus getanzt, gekocht und gegessen, wurden Filme, Ausstellungen und Musik gemacht, Bücher ausgeliehen und vorgelesen, Arbeitslose beraten, Kinder betreut.

Das alternative Aussersihl traf sich tagtäglich im Kanzlei – ein Dorn im Auge des bodenständigen Gewerblerquartiers.

Nach verlorener Abstimmung konnte sich – neben dem Kino Xenix – nur noch die Turnhalle als Discothek mit Verpflichtung zu einem kulturpolitischen Beiprogramm erhalten, allerdings in privaten Händen. Erstaunlich, denn der Stadtrat hatte sich lange geweigert, auch die Turnhalle für die alternative Nutzung freizugeben; erst eine Gruppe, die sich ausgerechnet «hilflos» nannte, konnte 1986 mit einem symbolischen Rammbock, choreografisch perfekt inszeniert, die Türen auch zur Turnhalle öffnen.

Festplatz

Auf dreihundert Metern Langstrasse haben wir einen dichten, bunten Stadtraum kennen gelernt. Auch wenn die meisten Krambuden der Juden und Italiener modischen Boutiquen, die rauchigen Wirtshäuser coolen Fastfoodlokalen, die Bäckereien und Gemüseläden schmuddeligen Sexshops gewichen sind, ganze Wohnhäuser in Diensten des Milieus stehen: Dieses Stück Stadt ist für ganz unterschiedliche Menschen Lebens-, Wohn- und Arbeitsort; Ort, wo sie sich treffen, streiten und lieben, kurz: Heimat. Für die einen «Chreis Cheib», Scherbenviertel, Ellis Island, erste oder letzte Station in der Karriere, für andere Rotlichtmilieu, Arbeiterquartier, Gewerblerviertel. Und so verschieden die Vorstellungen über das Quartier sind, so verschieden wird gefestet auf Langstrasse und Helvetiaplatz: Am 1. Mai sind es die Gewerkschaften, wenige Stunden danach die frechen Jungen mit der Nachdemo, alle zwei Jahre laden Gewerbe- und Quartierverein zum «Langstrassenfest» und im Zwischenjahr die Alternativen zum «Longstreet-Carnival», die Südamerikaner rufen zum Caliente-Tanz auf den Helvetiaplatz, zwischendurch findet eine Demo der Kurden, der Wohnungskämpfer, der Frauen-, Friedens- oder Solidaritätsbewegung statt (siehe Abb. 50). Und nach jedem bedeutsamen Fussballspiel, wo immer auf der Welt, sammeln sich die siegreichen Zuschauer im Siegestaumel: Ecke Militär-/Langstrasse (siehe Abb. 67–70).

Literatur

– Aussersihler Zeitung, Nr. 1–12, 1983–1986.
– Bärtschi, Hans-Peter: Industrialisierung, Eisenbahnschlachten und Städtebau. Die Entwicklung des Zürcher Industrie- und Arbeiterstadtteils Aussersihl. Basel 1983.
– Berger, Christa et al.: Die Stadt der Zukunft. Opladen 2002.
– Carl, Lea: Architekturführer Zürich. Zürich 1972.
– Emmenegger, Barbara: Die Bäckeranlage. Interner Bericht für das städtische Gartenbauamt Zürich. Zürich 1996 (unveröffentlicht).
– Escher, Konrad: Chronik der ehemaligen Gemeinden Wiedikon und Aussersihl. Zürich 1911.
– Etter, Paul: Geschichte von Alt Wiedikon. Zürich 1987.
– Gatani, Tindaro: Der Italienerkrawall in Zürich. In: Halter, Ernst (Hg.): Das Jahrhundert der Italiener in der Schweiz. Zürich 2003. S. 35f.
– Guggenheim, Kurt: Alles in Allem. Zürich 1957.
– Guyer, Paul: Die Strassennamen von Zürich. Zürich 1970.
– Historischer Verein Aussersihl: Aussersihler Geschichten. Zürich 1985.
– Huonker, Gustav: Literaturszene Zürich. Zürich 1985.
– Huser-Bugmann, Karin: Schtetl an der Sihl. Zürich 1997.
– Krayenbühl, Frank: Untersuchung über die Entstehung und das Wachstum der Zentren in der Stadt Zürich. Zürich 1963.
– Lindenmeyer, Hannes et al.: Aussersihl, Stadtquartier als Heimat. Basel 1986.
– Lindig, Steffen: Der Entscheid fällt an den Urnen. Zürich 1979.
– Looser, Heinz: Zwischen Tschinggenhass und Rebellion. In: Geschichtsladen (Hg.): Lücken im Panorama. Einblicke in den Nachlass Zürichs. Zürich 1986. S. 85–109.
– Nigg, Heinz: Wir wollen alles und zwar subito! Zürich 2001.
– Peter, Max: Die Seebahn in Aussersihl und Wiedikon. 2003.
– PM et al.: Stauffacher, Aussersihl. Zürich 1985.
– Traber, Alfred: Vom Werden der zürcherischen Arbeiterbewegung. Jubiläumsschrift der Sozialdemokratischen Partei Zürich 4. Zürich 1957.
– Ulrich, Anita: Bordelle, Strassendirnen und bürgerliche Sittlichkeit in der Belle Epoque. Zürich 1985.
– Wehrli Paul: Martin Wendel. Zürich 1942.
– Zürich, Stadt: Geschichte der Zürcher Stadtvereinigung von 1893. Zürich 1919.

Chronologie

1428	Erste Erwähnung des «Hohlwegs» (heute Hohlstrasse), Verlauf der Römerstrasse nach Baden
1787	Trennung des Ortsteils «Ussere Sihl Brugg» von der Gemeinde Wiedikon
1813–1829	In Aussersihl werden in 16 Jahren nur neun neue Häuser gebaut.
1848	Das erste Bahngleis (Linie nach Baden) trennt Aussersihl vom Industriequartier.
1830–1850	Es werden 100 neue Häuser gebaut.
1863	Bau des Zentralschulhauses, heute Kanzleischulhaus
1850–1870	Vervierfachung der Bevölkerung von Aussersihl: von 1800 auf 7500
1870–1890	Nochmalige Vervierfachung: von 7500 auf 31300
1870	Zwei von elf Bordellen in Zürich und Umgebung liegen in Aussersihl.
1872	Eidgenössisches Schützenfest
1875	Einweihung der neuen Kaserne in Aussersihl
1887	Papagni eröffnet eine Weinhandlung und ein Spaghetti-Speiselokal.
1890	Der Sanitätsrat konstatiert eine starke Zunahme der Bordelle und Prostitution in Aussersihl, vor allem nach dem Schützenfest und seit der Kaserneneröffnung.
1890	Erste 1.-Mai-Feier in Zürich: Demonstrationszug von Aussersihl in die Stadt
1893	Eingemeindung in die Stadt Zürich
1896	Italienerkrawall
1901	Einweihung der Bäckeranlage (Projekt: E. Mertens)
1911	Einweihung des Volkshauses
1912	Erster Generalstreik
1917	Feiern zur Russischen Revolution führen zu Krawallen.
1918	Zweiter Generalstreik
1932	Heizmonteurstreik, Krawall in Aussersihl
1933	Der Marsch der Frontisten wird in Aussersihl von Arbeitern mit Gewalt verhindert.
1938	Renovation der Bäckeranlage, zwischen 1938 und 2002 «Aussersihler-Anlage»
1963	Bau des Amtshauses Helvetiaplatz
1966	Das Haus zur Sihlhalle an der Ecke Militär-/Langstrasse wird abgebrochen und durch das heutige Geschäftshaus ersetzt.
1972	Die Planung einer Grossüberbauung Hohl-/Feld-/Hellmutstrasse scheitert am Widerstand der Bewohner.
1979	Besetzung der Hellmuthäuser, Gebrauchsleihe
1980	Jugendunruhen
1984	Eröffnung des Quartierzentrums Kanzlei
1992	Schliessung des Quartierzentrums Kanzlei
2003	Die Pavillonruine weicht dem Fundament des neuen Quartierzentrums Aussersihl, Bäckeranlage.

2/3
Luftaufnahmen aus den Jahren um 1900 und 2003.

2

3

Der «Chreis Cheib» – urbanes Herz von Zürich

Barbara Emmenegger

Das Langstrassenquartier ist das urbane Quartier der Stadt Zürich. Hier findet Stadt statt. In diesem Quartier macht Stadtluft frei.

Für die Einen ist es eine Horrorvision, in diesem Quartier zu wohnen, in dem sich das Sex- und Drogenmilieu breit macht, wo sich schräge Vögel und extravagante Gestalten auf den Strassen grüssen, wo die Polizei in permanentem Sondereinsatz steht – nütze es, was es wolle – und wo in den Schulen Deutsch als Fremdsprache gilt. Andere hingegen wohnen hier, weil sie keine andere Wahl haben. Für Dritte macht gerade diese Mischung, das so genannt Urbane, den Reiz aus, in diesem Quartier zu wohnen. Die einen lassen sich nur für ganz kurze Zeit im Quartier nieder: Die Tänzerinnen zum Beispiel dürfen sich lediglich für ein paar Monate anmelden, auch die Studierenden ziehen nach ein paar Semestern meist wieder weiter. Andere hingegen leben seit ewigen Zeiten im Quartier: Die Alteingesessenen, die Gewerbler zum Beispiel, oder die Alternativen, Gestrandete aus fernen Ländern, Lebenskünstlerinnen, Familien und Einsiedler; Menschen, die das Quartier lieben und hassen und deshalb niemals von hier wegziehen würden. Für sie ist der «Chreis Cheib» Heimat, mehr Dorf als urbanes Stadtquartier.

Der Bewegungsradius vieler Bewohnerinnen und -bewohner im Quartier ist klein. Sie treffen sich in ihrer Stammbeiz oder im Quartierladen. Man kennt sich im Geviert, und die soziale Kontrolle kann zwischendurch schon ganz dörfliche Dimensionen annehmen. Für sie bietet das Quartier beides: Ort des Vertrauten und Ort der Anonymität.

10447 Menschen aus 99 Nationen und fünf Kontinenten wohnen im Langstrassenquartier. Man trifft auf eine typisch urbane Bevölkerung: jung – die grosse Mehrheit aller Bewohnerinnen und Bewohner ist zwischen 20 und 39 Jahre alt –, ethnisch, kulturell und sozial heterogen und mobil. Einpersonenhaushalte und Wohngemeinschaften sind die häufigsten Lebensformen, Familien sind bedeutend weniger anzutreffen als anderswo in der Stadt.

Es werden rund 30 verschiedene Muttersprachen gesprochen. 42 Prozent der Bewohnerinnen und Bewohner sind Migrantinnen und Migranten, die selbst oder deren Vorfahren irgendwann aus anderen Ländern zugewandert sind. Die Geschichte der Migration hat im Quartier immer ihre Spuren hinterlassen. Die Zugewanderten haben sich Territorien erkämpft und angeeignet, seien es noch so kleine Treffpunkte oder Lebensmittelläden aus allen möglichen Regionen der Welt, die dem Quartier seinen kosmopolitischen Charakter verleihen.

In diesem Quartier scheint es für alle und für alles Platz zu haben. Für Arme und Reiche, Integrierte und Ausgeschlossene, Hells Angels und Freikirchen, abgestandene Take-Aways und exklusive Seidenspinner. In den Strassen rund um die Langstrasse fällt nicht auf, wer anders ist. Aufgrund seiner Geschichte hat das Quartier eine Tradition des «Andersseins» entwickelt. Es bietet verschiedensten Menschen mit ihren unterschiedlichen Bedürfnissen verschiedene Nutzungen und Angebote zu allen Tages- und Nachtzeiten. Ein gewisses Mass an Gewühl, Unordnung und Chaos ist die Folge, auch dies ist Bestandteil des Urbanen. Nur am Sonntagmorgen, da schläft das Quartier.

Das Langstrassenquartier ist ein urbanes Quartier. Urban ist voll im Trend, oft wird damit die ehemalige Industrieromantik, wie sie in Zürich West anzutreffen ist, gemeint. Eine grobkörnige Baustruktur mit grossflächigen Lofts, Aussichten über die Gleisfelder der Eisenbahn und auf die Strassenschluchten der Autobahnzubringer. Doch was meint «urban»? Ein kurzer historischer Blick erlaubt es, uns der Urbanität etwas anzunähern.

Vom Acker zum urbanen Zentrum

Noch Mitte des 19. Jahrhunderts war dieses heute so lebendige Langstrassenquartier eine Landschaft von Äckern, durchzogen von schmalen Feldwegen. Das damalige Aussersihl – und damit sind die heutigen Kreise 4 und 5 gemeint – hat sich im Zuge der Industrialisierung Ende des 19. und Anfang des 20. Jahrhunderts explosionsartig zum bevölkerungsreichsten grossstädtischen Zuwanderungsgebiet arbeitssuchender Migrantinnen und Migranten aus dem In- und Ausland entwickelt. «In Aussersihl konzen-

trieren sich die grössten Industrie- und Eisenbahnanlagen und die grössten Arbeiter-
wohnquartiere der ganzen Stadtagglomeration. Diese Gemeinde macht Zürich zur industriellen Stadt.» (Bärtschi, 1983, S. 222.) Neben Arbeitsmigrantinnen und -migran-
ten fanden auch viele politische Flüchtlinge den Weg ins Quartier, die im Unterschied
zu den Arbeiterinnen und Arbeitern gut ausgebildet waren.

Hatte Aussersihl 1850 noch 1881 Einwohnerinnen und Einwohner, waren es 1870
bereits 7483. 1880 wuchs Aussersihl zur zehnt grössten Schweizer Gemeinde an. 1910
lebten 52089 Menschen in Aussersihl, 1940 wurde mit 60165 Einwohnerinnen und
Einwohnern der Höhepunkt erreicht. Das Quartier platzte bereits Ende des 19. Jahrhunderts aus allen Nähten.

Aussersihl ist mit seiner Entwicklung keine Ausnahme. Mit der Ansiedlung der
neuen industriellen Arbeitsmärkte in den Städten entwickelten diese einen ungeheu-
ren Bedarf an Arbeitskräften. Die Städte wurden deshalb zu Zielen riesiger Bevölke-
rungsströme, was ein explosionsartiges Wachstum der Stadtbevölkerung zur Folge
hatte. Für diese grosse Völkerwanderung vom Land in die Stadt gab es in der Schweiz
des 19. Jahrhunderts verschiedene Ursachen. Einerseits die Agrarkrise, die dazu führte, dass gegen Ende des 19. Jahrhunderts massenweise Bauern ihre Beschäftigung in
der Landwirtschaft verloren und in der Stadt nach Arbeit suchten. Andererseits die Industrialisierung der Heimarbeit, zum Beispiel der Weberei, die mechanisiert wurde
und die Arbeitsplätze in den Städten konzentrierte. Genauso wie die neuen Fabrik-
und Industriebauten siedelten sich auch kulturelle Einrichtungen und Dienstleistungs-
unternehmen in den Städten an. Neben Industriearbeitsplätzen wurde die Stadt aufgrund der Konzentration von Menschen, Informationen und Macht auch attraktiv für
hochrangige Dienstleistung und zog besonders junge Leute zur Berufsausbildung und
zur Annahme einer qualifizierten Erwerbstätigkeit an.

Mit dem Beginn der Industrialisierung beschleunigte sich der Urbanisierungspro-
zess, auch im Langstrassenquartier. Städte waren nicht mehr nur der Ort des Handels
und der politischen Macht, sondern wurden mit der Industrialisierung zu Orten, in
denen Güter hergestellt und auch wiederum verbraucht wurden.

Das schnelle Bevölkerungswachstum brachte allerdings auch negative Begleiter-
scheinungen bezüglich Wohnungsfrage und genügendem Ausbau der Infrastruktur
mit sich. «In bezug auf die sozialen Gegensätze, auf die elenden Wohnverhältnisse in
den Arbeiterquartieren, in bezug auf die Verschmutzung und die Seuchen steht Zürich
anderen Grossstädten nicht nach.» (Bärtschi,1983, S. 222.) Das Bevölkerungswachstum forcierte in den zehn Jahren zwischen 1889 und 1899 in Zürich eine ebenso rasante
Wohnbautätigkeit. Gemessen am Wohnhäuserbestand des 19. Jahrhunderts machte
der Anteil von Wohnhausneubauten in diesen zehn Jahren 40 Prozent aus. Zum Ver-
gleich: In den fünf Jahren von 1993 bis 1998 wurden gemessen am Bestand in der
Stadt Zürich 2,8 Prozent neue Wohnbauten erstellt. Innerhalb von 50 Jahren hatte sich
das Langstrassenquartier urbanisiert und sich von einem Acker zu einem dicht besiedelten Stadtteil entwickelt.

Urbanisierung bezeichnet den vielschichtigen Prozess der Vergrösserung der
Städte. Damit ist jedoch nicht nur die Zunahme der städtischen Bevölkerung gemeint,
sondern auch die Entwicklung der städtischen Lebensweisen.

Stadtluft macht frei …

Die quantitative Veränderung durch das Bevölkerungswachstum ging einher mit qua-
litativen Veränderungsprozessen von Sozial-, Berufs- und Erwerbsstrukturen, was die
Entwicklung städtischer Kulturformen, Lebens- und Verhaltensweisen nach sich zog.
Die Stadt wurde zum Zentrum wirtschaftlicher und gesellschaftlicher Entwicklungen.
Menschen aus den verschiedensten Regionen aus dem In- und Ausland, mit unterschiedlicher Religion und politischer Couleur wohnten dicht nebeneinander. Arbeiten
und Wohnen fanden nicht mehr wie in der dörflich bäuerlichen Gemeinschaft an dem-
selben Ort, sondern neu an getrennten Orten statt. Ebenso fand in der städtischen Gesellschaft eine Trennung von Öffentlichkeit und Privatheit statt.

Die neue Lebensform der Stadt stand im Gegensatz zur traditionellen Lebensform
des ländlichen Raums. Markt, Gesellschaft, Grösse und Dichte der Bevölkerung er-
möglichten und erzwangen eine immer weitergehende Spezialisierung sowohl der

arbeitsteiligen Produktion wie des Angebots von Gütern und Dienstleistungen. «In der Grossstadt findet das ausgefallenste Angebot noch Käufer, hier gibt es noch für die speziellste Kulturleistung ein tragfähiges Publikum.» (Siebel, 1998, S .270.)

Mit dem Slogan «Stadtluft macht frei!» ist die emanzipatorische Perspektive des städtischen Lebens angesprochen. Die Urbanität des 19. Jahrhunderts barg die Hoffnung auf Emanzipation aus den engen dörflichen und sozialen Strukturen, barg die Hoffnung, als Städter oder Städterin ein besseres Leben führen zu können. «Die Stadt bietet die Möglichkeit der Anonymität in den sozialen Kontakten, die Möglichkeit, nur begrenzte Teile der eigenen Person in die jeweilige Beziehung einzubringen. Diese Art von Anonymität verhindert den Zwang zur Intimität.» (Huber, 1999, S. 195.) Die Stadt war der Ort der Heterogenität, Grösse, Dichte, hochspezialisierten Arbeitsteilung und Fremdheit, dies trieb die Individualisierung voran.

Urbanes Leben bot so die Möglichkeit der Wahl der individuellen Lebensweise. «Individualisierung, das heisst: Auflösung traditionaler sozialer Bindungen und langfristiger Berufs- und Lebensverläufe, Subjektivierung und Reflexivität.» (Bittner, 2001, S. 18.) Positiv gesehen entstanden dadurch Möglichkeiten für neue, selbstgewählte soziale Beziehungen. Negativ gesehen löste die Individualisierung den Einzelnen aus Traditionen und sozialen Kontrollen und liess ihn vereinsamen.

... die Flucht aufs Land ...

In den 1940er-Jahren war die Hauptphase der Urbanisierung aufgrund der Industrialisierung bereits abgeschlossen. Mit dem Wirtschaftswachstum nach dem Krieg setzten in den 1960er-Jahren die Prozesse der Suburbanisierung ein. Der Aufschwung brachte breiten Wohlstand mit sich und erlaubte auch der Mittelschicht, sich den Traum vom Eigenheim zu verwirklichen. Die Leute zogen aus den Städten hinaus aufs Land ins eigene Einfamilienhaus. Die Städte leerten sich, zurück blieben diejenigen, die sich den Umzug nicht leisten konnten, und diejenigen, die immer noch an das «bessere Leben» in der Stadt glaubten. Auch die Arbeiterinnen und Arbeiter zogen aus dem Langstrassenquartier aus. Entweder wechselten sie in die grünen, ruhigen Ge-

nossenschaftssiedlungen der Schwamendinger Gartenstadt oder sie kehrten in ihre ursprüngliche Heimat zurück, weil sie hier als Arbeitskräfte nicht mehr gebraucht wurden. Im ehemaligen Quartier der Arbeiterschaft liessen sich die Alternativen und Intellektuellen nieder, die im Langstrassenquartier, dem Mythos der linken Arbeiterbewegung auf der Spur, für ein freies Aussersihl kämpften.

Neben den Linksalternativen breitete sich ab den 1970er-Jahren auch das Sexmilieu im grossen Stil im Langstrassenquartier aus. Der Ende der 1960er-Jahre verabschiedete Zonenplan definiert das Quartier als städtische Kernzone mit hohem Dienstleistungsanteil. Diese so genannten Pläne der Cityerweiterung Richtung Langstrasse und die damit verbundene Vision von rentablen Büro- und Geschäftsbauten anstelle der engen, weniger rentablen Wohnhäuser liessen die Immobilienpreise in die Höhe schnellen. Die Cityerweiterung hat nur partiell stattgefunden, am Stauffacher zum Beispiel, die hohen Immobilienpreise jedoch blieben Realität. Interesse an den hochpreisigen Liegenschaften zeigte nur noch das Sexmilieu, das mit seinem Business eklatante Gewinne erzielen konnte.

Im Langstrassenquartier hat also eine Form von «Gentrification» – die Verdrängung der alteingesessenen Bewohnerinnen und Bewohner durch zahlungskräftigere Neuzuziehende – schon in den 1970er-Jahren begonnen. Profitiert haben damals die Linksalternativen und das Sexmilieu.

Es waren die Agglomerationen, welche nun explosionsartig wuchsen. Ab 1970 konzentrierten sich in der Region Zürich die Arbeitsplätze in der Agglomeration, das heisst im Limmattal und im Glattal. Im Langstrassenquartier nahm die Zahl der Bewohnerinnen und Bewohner seit den 1950er-Jahren kontinuierlich ab. In den letzten 55 Jahren hat sich die Bevölkerung des Quartiers halbiert. Lebten 1948 noch 20076 Personen im Quartier, waren es 1980 nur noch 11 949. Im Jahr 2002 sank die Zahl der Bewohnerinnen und Bewohner nochmals auf 10 447. Seit 2001 ist die Tendenz wieder ganz leicht steigend. Im ehemaligen Gebiet Aussersihl, in den heutigen Kreisen 4 und 5, wohnten Ende 2000 39 569 Personen, das ist knapp ein Drittel der Bewohnerinnen und Bewohner von 1940.

Wenn wir heute von einem dicht besiedelten Langstrassenquartier sprechen, so verdeutlichen diese historischen Zahlen zur Bevölkerungsentwicklung, wie dicht die Wohn- und Arbeitsplatzverhältnisse zu Beginn des 20. Jahrhunderts waren.

... die neue Lust an der Stadt

Mit dem Wachsen der Agglomerationen wurden die urbanen Lebensweisen aus der Stadt hinausgetragen. Ende des 20. und Anfang des 21. Jahrhunderts ist die Stadt nicht mehr der besondere Ort des Urbanen. S-Bahn, Schnellstrassen, Internet und Mobiltelefone bedingen keine räumliche Nähe mehr für soziale Kontakte. Die Agglomerationen, die suburbanen Orte entwickeln eine zunehmende Eigenständigkeit, sie emanzipieren sich von der Kernstadt und entwickeln eigene städtische Qualitäten. Der Gegensatz von Stadt und Land ist weitgehend aufgehoben. Die Vielfalt der Lebenskonzepte, die Anonymität, die Individualität und die freie Wahl der sozialen Kontakte, die Annahme unterschiedlicher Rollen, geringe Kinderzahlen und eine hohe Zahl von allein lebenden Personen sind nur einige städtische Kennzeichen, die sich auch im ländlichen Raum, in der Agglomeration ausbreiten. Die funktionalen Strukturen der Stadt verlieren ebenfalls an Bedeutung. Die Stadt ist nicht mehr zwingend das Zentrum der Wirtschaft, des Handels, der Industrie und der Verwaltung.

Seit den 1990er-Jahren wird von Re-Urbanisierung gesprochen, heute ist das Leben in der Stadt wieder im Trend. «Urbanes Wohnen» hat Hochkonjunktur. Diese Lust an der Stadt zeigt sich nicht an einer gravierenden Landflucht in die Stadt, dazu hat es vor allem in der Stadt Zürich nach wie vor zu wenig Wohnraum. Auch ist diese Re-Urbanisierung am Ende des 20. Jahrhunderts in keiner Weise gleichzusetzen mit der Urbanisierung des 19. Jahrhunderts. Das quantitative und qualitative Ausmass der Verstädterung und die Ausgestaltung des urbanen Wohnens unterscheiden sich in diesen beiden Jahrhunderten sehr stark.

Auch wenn urbanes Leben ebenfalls in der Agglomeration stattfindet, auch wenn Stadtwanderer Benedikt Loderer in der «SonntagsZeitung» feststellt, es gäbe nur noch Agglomeration, keine Stadt und kein Land mehr, gibt es einen grossen Unterschied zwischen Dübendorf und dem Langstrassenquartier. Es sind neue Formen der Urbanität im städtischen Raum, die sich aus den aktuellen gesellschaftlichen Problemen heraus entwickeln: Das Urbane am Langstrassenquartier heute entsteht aus seiner ausgeprägten Funktion als Ereignisort. Es ist die Dichte des kulturellen und kommerziellen Angebots, welche das Interesse weckt. Das Quartier als Eventort. Urban am Langstrassenquartier ist das permanente Ringen der verschiedenen Milieus um Positionierung im städtischen Raum. Urbanität im Langstrassenquartier weckt die Hoffnung, das Gleichgewicht zwischen sozialer Integration und kultureller Differenz zu finden.

Der Erlebnisort

«Sie (die Stadt) erscheint nicht mehr in erster Linie als Raum der Produktion, des Verkehrs oder der Verwaltung, sondern wird um des Erlebnisses willen aufgesucht», stellt Regina Bittner in ihrem Buch «Die Stadt als Event» fest.

Jeden Feierabend (eigentlich bereits zur Mittagspause) strömen Tausende von Freiern ins Quartier. Da gibts Rambazamba im «Barbarella», Schunkeln in der «Ipanema»-Bar und stundenlanges, gierig geiles Cruisen durchs Quartier. Das Langstrassenquartier bietet aber nicht nur eine unheimlich hohe Dichte von Rotlichtmilieus und ein umfangreiches Angebot an Drogen aller Art, hier finden auch unzählige unterschiedliche kulturelle Anlässe, Strassen- und Quartierfeste statt. In den Zeughäusern organisiert der Quartierverein sein Fest, Schwule und Lesben feiern dort ihren CSD und am grossen, ereignisreichen Volksfest des 1. Mai wird dort jährlich das Nebeneinander von Tränengas und verführerischen Düften aus den internationalen Kochtöpfen erprobt. Gewerbler, Südamerikanerinnen und Südamerikaner sowie Alternative organisieren an der Longstreet grosse Events, sei's mit Schlager, Salsa oder Techno, auf jeden Fall mit Auswirkungen bis weit in den Süddeutschen Raum. Im Xenix gibts Openair-Film, in der «Bäcki» ebensolche Konzerte und bei Dani H. eine Iglu-Bar mitten im dampfenden Quartier. Die Freierszene durchmischt sich mit dem Konzertpublikum aus dem Volkshaus, den Discofreaks aus dem Kanzlei, den Cineasten aus dem Xenix, den Jazzfreundinnen und -freunden aus dem WIM, den Kunstliebhabenden auf Galerientour und den vielen Gourmets, die sich exklusiv italienisch oder hot thailändisch verköstigen. Das Langstrassenquartier ist ein multifunktionaler Ereignisort, ein Eventtempel, geliebt von Tausenden von temporären Besucherinnen und Besuchern. Es bietet ein nie enden wollendes kulturelles und kommerzielles Angebot auf engstem Raum, begleitet von Bars und Restaurants, 24 Stunden sieben Tage die Woche.

Dichte als urbanes Merkmal entsteht hier nicht nur durch die Zahl der Quartierbevölkerung und die dichte Bebauungsstruktur, sondern auch durch die vielen Besucherinnen und Besucher. Viele von ihnen würden nie hier leben wollen. Trotzdem ist das Quartier für sie temporärer Identifikationsort als Freizeit- oder Erlebnisort. Im Zeitalter der virtuellen Kommunikation und hoher Fluktuation ist nicht mehr nur der Wohnort Ort sozialer Identifikation, sozialer Raum, aus dem die Menschen ihre Identität schöpfen. Die Leute suchen sich ihre Szenerien und Treffpunkte an Orten, wo sie ihresgleichen finden. Es sind temporäre Nischen, ein vorübergehendes Aufsuchen von Rauminseln, in denen ein Teil der sozialen Identifikation ausgelebt werden kann.

Damit stellen sich aber auch neue Fragen: Was passiert mit dem Quartier, wenn es zum reinen Eventort wird? Und was wäre das Quartier ohne die vielen Besucherinnen und Besucher, ohne das breite Angebot von Kultur und Kommerz mitsamt Konsumentinnen und Konsumenten?

Positionierung im städtischen Raum

«Urban» evoziert die Vorstellung von einem friedlichen Nebeneinander verschiedener Lebensweisen und Kulturen – eine Anlehnung an die Grossstadtromantik des 19. Jahrhunderts, an den Stadtflaneur, der im Kaffeehaus die Lust am Entdecken von fremden Lebensstilen auslebt. Das Nebeneinander ist jedoch ein permanentes Ringen um Positionierung im städtischen Raum, um Integration und Ausschluss, um Existenzberechtigung in der Hoffnung, das Gleichgewicht zwischen Differenz und Integration zu finden. Das Langstrassenquartier ist als wirtschaftliche, soziale und kulturelle Arena zu begreifen, in der um Einfluss und soziale Positionierung gerungen wird, um Kultur und Kommerz, um Sesshaftigkeit und Fluktuation, um Tradition und Moderne.

Wie Hannes Lindenmeyer in diesem Band mit seinen Geschichten aus dem Langstrassenquartier dokumentiert, war das Quartier trotz aller Armut immer auch ein selbstbewusstes Quartier, ein Quartier der Widerstände und der Aufstände. Seien es die Italienerkrawalle, die organisierte Bewegung der Arbeiterschaft, der Kampf um das Kanzleischulhaus oder das Ringen um die «Bäcki» und das Quartierzentrum – diese Widerstände und Kämpfe verdeutlichen den Kampf um räumliche und ideologische Positionen im Quartier.

Die lange Zeit beinahe institutionalisierten Auseinandersetzungen zwischen den alteingesessenen Gewerblern und den Alternativen brachten dem Quartier den Ruf ein, sich in einem permanenten Grabenkampf zu befinden. Von Innen betrachtet war es ein erbittertes und kreatives Ringen um die Durchsetzung der Identität der eigenen Lebensstile und um die damit verbundene räumliche Entwicklung im Quartier. In den 1980er-Jahren manifestierte sich dieser Grabenkampf zum Beispiel in den Auseinandersetzungen um die Nutzung des Kanzleischulhauses. Diese Auseinandersetzungen werden heute noch als Heldengeschichten an der Bar des Kino Xenix weitererzählt.

Die neuere Geschichte der Entwicklung der Bäckeranlage und des Quartierzentrums zeigt jedoch, dass die alten Positionen ins Wanken geraten. Denn unterdessen rufen die alteingesessenen Alternativen mit den alteingesessenen Gewerblern oft nach denselben Massnahmen, allerdings mit unterschiedlich kreativen Mitteln: Die einen lassen Parkbänke verschwinden, während die anderen nach repressiveren Polizeieinsätzen und verschärften Gesetzen rufen. Ziel von beiden ist, den Quartierpark von der Monokultur der Polytoxikomanen und der alteingesessenen Alkis zu befreien und den dringend benötigten Frei- und Grünraum im Quartier für Kinder, Jugendliche und Erwachsene sowie für alle, die den Drogenkonsum im Griff haben, benutzbar zu machen.

Auch das Arrangement des jährlich alternierenden Langstrassenfestes der Gewerbler mit dem Longstreet Carnival der Alternativen deutet darauf hin, dass sich die alten Grabenkämpferinnen und -kämpfer unterdessen doch schon recht gut arrangiert haben im Quartier.

Tanz auf Messers Schneide

Immer noch aber bilden sich unermüdlich neue Gruppierungen im Quartier im Kampf um Kultur und Kommerz, um Wohnort, Ereignisort und Arbeitsort, seien es die IG Müllereck, City Stories oder Ego City. Die einen kümmern sich um die eigene Liegenschaft, die anderen um Demokratisierung in der Nutzung des öffentlichen Raums im Quartier. Es werden immer wieder neue Felder der quartierinternen Positionierung im Quartier-Raum eröffnet. Doch dieser einst Quartieridentität bestimmende Grabenkampf im Links-rechts-Schema wird zusehends zum Nebenschauplatz. Sehr wohl werden immer noch Positionierungen über Lebensstile im Quartier artikuliert und verteidigt. Seit den 1990er-Jahren aber hat sich der Drogen- und Frauenhandel und damit das Sexgewerbe professionalisiert und sich als globalisierte Macht im Quartier institutionalisiert. Es sind nun auch die verschiedenen Clans, die sich die Räume im Milieu aufteilen und um Positionierungen an der Langstrasse, aber auch im internationalen Geschäft der Illegalitäten kämpfen. Es sind schnell wechselnde Clans mit austauschbaren Personen, ohne Verankerung im Quartier, welche die Kultur der Raumaneignung definieren und Lebensstile im Quartier zu bestimmen versuchen. Es werden eigene Sicherheitssysteme aufgebaut. Muskulöse Männer mit schwarzen Stiefeln und Bluthunden patrouillieren an der Langstrasse und weisen – dem Rechtsempfinden ihres Arbeitgebers entsprechend – Unpassende mit unzimperlichen Methoden aus dem Revier. Es ist kaum möglich, gegen diese gewaltbereite internationale Macht im Quartier mit kreativen Mitteln anzukommen.

Schon oft wurde dem Langstrassenquartier eine totale Veränderung vorausgesagt. Das Quartier hat eine bewegte Geschichte durchlaufen, als Arbeiterquartier, Migrationsquartier, linksalternatives Quartier, Quartier der permanenten Auseinandersetzungen, Quartier des Drogen- und Sexmilieus. Es sollte grossräumig Platz bieten für die Cityerweiterung und ist immer auch städtisches Wohnquartier geblieben. Immer hat sich das Quartier verändert und nie wurde es ganz vereinnahmt von einem Milieu, immer hat es seine Identität als störendes, aufmüpfiges, unbequemes, verruchtes und äusserst charmantes Quartier behalten.

Auch die vielen Galerien – das Langstrassenquartier hat schon lange eine immense Dichte an Galerien – haben bis anhin die Wohnlagen im Quartier nicht verteuert. Anders zum Beispiel in New York, wie Ed Koch in der WoZ zitiert wird: «Die Rolle des Künstlers in New York besteht darin, dass er ein Viertel so attraktiv macht, dass die Künstler es sich nicht mehr leisten können, dort zu leben.» Noch tragen die Galerien im Langstrassenquartier zur Vielfalt bei und verdeutlichen, dass im Quartier neben der politischen auch die kulturelle Auseinandersetzung Tradition hat. Vielleicht sind es die kleinflächige Bebauungsstruktur und die engen Verhältnisse, vielleicht ist es die Präsenz des Sex- und Drogenmilieus, welche bis anhin grossflächige Spekulation und eine Entwicklung zum hippen Trendquartier verhindert haben.

Das Langstrassenquartier ist ein Stück lebendige Stadt, kein innerstädtisches Museum. Der innerstädtische Verdrängungsprozess – «Gentrification» genannt – ist für dieses Quartier nichts Neues und hat über die Jahrzehnte schon verschiedene Stadien durchlaufen. Er zeigt sich als permanenter Kampf um Monokultur und Vielfältigkeit in diesem Quartier – ein Tanz auf Messers Schneide.

Hautnah und distanziert

So ist das Langstrassenquartier nach wie vor der Ort, an dem sich heterogene Lebensstile und Milieus noch begegnen können. Die funktionale und soziale Durchmischung gehorcht jedoch Gesetzen der kleinsträumigen Aufteilung. Obwohl dicht und durchmischt, überschreiten die sozialen Kontakte kaum die Grenzen der eigenen Lebensweise. Man bleibt unter sich, hautnah und doch distanziert, nebeneinander, nicht miteinander, aber oft symbiotisch verhängt.

Selten nur verirrt sich, wie jüngst beobachtet, ein opulenter älterer Freier in die Szenenbar der Alternativen. Sein joviales Auftreten – vor allem den Frauen gegenüber – wird mit Missachtung gestraft und dennoch mit ethnologischem Interesse beobachtet. Bald fühlt er sich da so fehl am Platz wie er in der Aufrissbar nebenan gefragt ist.

Es gibt klare Codes, die verhindern, dass sich die Szenen vermischen. Das Puff neben der Schwulenbar, der Salsa-CD-Laden neben dem schicken Kleideratelier, das

Sex-Cabaret neben dem Familienwohnhaus: Alle leben sie nebeneinander, tagtäglich sehen sie sich, die Kontakte beschränken sich aufs gegenseitige Beobachten. Tragikomische Situationen entstehen, wenn die Kinder auf dem Balkon über dem Sex-Cabaret den Freiern die Anmachesprüche der Prostituierten nachrufen. Oder wenn einem beim Spaziergang durch das Quartier, beim sich Verführenlassen durch die exotischen Düfte von Thaicurry, brasilianischem Bohnentopf oder russischem Borschtsch plötzlich jäh bewusst wird, dass der moderne Kolonialwarenhandel Frauenhandel heisst. Die Ware ist Menschenfleisch. Schreckliche Realitäten, welche hinter der spassigen Multikulti-Fassade des Quartiers hervorlugen. Kaum aber gibt es die Möglichkeit, hinter die Fassade zu schauen.

Eine Schnittmenge, ein Übergreifen der Lebensstile und Szenen gibts nur selten, an den Rändern. Trotzdem möchte keiner ohne den anderen leben. Es ist ein selbstverständliches, immer aber auch ambivalentes Unterstützen im Anderssein, welches erlaubt, sich selbst in der Perspektive der Anderen wahrzunehmen. Es besteht eine Art Symbiose. Es ist die Möglichkeit der Szenenwahl, welche das Gefühl der Freiheit weckt. Das ist die freie Stadtluft, das urbane Lebensgefühl.

Doch Stadt ist immer eine Auseinandersetzung um Integration und Ausschluss. Nicht alle, die sich auf diesem engen Raum im Langstrassenquartier bewegen und darin wohnen, haben die Freiheit der Wahl. Immer gibt es Menschen und Gruppen, die ausgegrenzt werden, an keinem sozialen Leben teilhaben können. Armut und Krankheit zum Beispiel führen zu sozialer Isolierung, und es hat viele arme Leute im Quartier. Und trotz multikultureller Offenheit bestimmt neuerdings die Hautfarbe darüber, wer Drogendealer ist. Da gibt es also immer die vielen einen und die vielen anderen, die sich nicht mehr aus den eigenen vier Wänden wagen oder auf die mit Fingern gezeigt wird. Urbanität im städtischen Raum steht somit vor der Herausforderung, das Streben nach sozialer Integration und kultureller Differenz zugleich zu ermöglichen.

Literatur

– Bärtschi, Hans-Peter: Industrialisierung, Eisenbahnschlachten und Städtebau. Die Entwicklung des Zürcher Industrie- und Arbeiterstadtteils Aussersihl. Basel 1983.
– Bittner, Regina (Hg.): Die Stadt als Event. Zur Konstruktion urbaner Erlebnisräume. Frankfurt/New York 2001.
– Bittner, Regina (Hg.): Urbane Paradiese. Frankfurt/New York 2001.
– Brandner, Brigit; Mörth, Ingo: Kulturerlebnis Stadt. Theoretische und praktische Aspekte der Stadtkultur. Wien 1994.
– Camponovo, Christa: Auf Schatzsuche im Langstrassenquartier. Unveröffentlichte Diplomarbeit. Zürich 2001.
– Cattacin, Sandro: Stadtentwicklungspolitik zwischen Demokratie und Komplexität. Wien 1994.
– Huber, Andreas: Heimat in der Postmoderne. Zürich 1999.
– Loderer, Benedikt: Der Untergang des Landes. In: SonntagsZeitung, 26. 10. 2003.
– Siebel, Walter: Die Zukunft der europäischen Stadt. Unveröffentlichtes Manuskript 2003.
– Siebel, Walter: Urbanität. In: Häussermann, Hartmut (Hg): Grosstadt. Soziologische Stichworte. Opladen 1998.
– Walter, Klaus: Village People Go West. Die Pet Shop Boys und die Regelkrise der Gentrifizierung. In: WoZ, Nr. 23/5. 6. 2003.

4

Angelo Giunta ist fast täglich im Quartier unterwegs: Er ist Chauffeur bei der Sihldruck, Druckerei a/d Sihl AG, eine der ältesten Druckereien in Aussersihl mit 50 Mitarbeiterinnen und Mitarbeitern. Er kommt aus Sizilien, seit 30 Jahren wohnt und arbeitet er in Zürich. «Der Kreis 4 war lange Zeit ein gutes Quartier. Ich hatte viele Kollegen hier. Die meisten wohnen leider nicht mehr da, sind zurück nach Italien oder aus der Stadt weggezogen.»

4

5

Hitsch

«Ich bin der Hitsch. Im Bündnerland nennt man alle so, die Christian heissen. Hier kennen mich die Leute auch unter diesem Namen. Bündner gibt es ja in Zürich fast mehr als im Bündnerland selbst.» Hitsch trägt einen Hut mit Taubenfeder, den er zum Gruss gentleman-like lüpft; er hat die bedächtige Art des Berglers und warme, freundliche Augen. «Ich bin ein Engadiner, von dort, wo der grosse Waffenplatz ist. Meine Muttersprache ist Rumantsch. Zu Hause waren wir 14 Kinder. Einige sind schon gestorben. Ich habe Jahrgang 1941, das isch de beschti Jahrgang. An den Krieg kann ich mich noch erinnern. Das bleibt im Kopf drin.»

Hitsch hat das Engadin schon vor 30 Jahren verlassen. Einmal im Monat fährt er immer noch hin, geht auf den Friedhof und auf die Gemeinde: «Vo öppis muesch läbe. Es ist weit bis in mein Dorf, acht Stunden dauert die Fahrt. Im Dorf bin ich überall willkommen, alle laden mich ein, und übernachten kann ich bei Kollegen. Ich brauche kaum ein paar Rappen, wenn ich dort bin. Früher habe ich zwei Häuser gehabt – eines habe ich selbst gebaut –, aber die habe ich verkauft. Ich habe Maurer gelernt. Zuerst arbeitete ich auf eigene Rechnung, dann 25 Jahre im gleichen Betrieb. Mein Vater war Schuhmacher, auch meine Söhne sind Schuhmacher geworden.»

«Den Kreis 4 kenne ich wie meinen Hosensack, die Beizen rundum. Manchmal gehe ich in die ‹Jägerburg› oder in den ‹Aargauerhof›. Ich habe selbst einmal gewirtet und habe auch das Wirtepatent. Mir zahlen sie in jedem Restaurant ein Bier. Am Morgen sitze ich meistens auf den Bänken bei der Tramhaltestelle oder unter dem Sozialamt, auch wenns kalt ist. Ich lebe vom Sozialamt. Da drüben bei der Heilsarmee wohne ich. Das Essen ist gut. Jetzt ist es dann zwölf Uhr, Zeit für die Suppe.» CS

6

8

10

Roman Hirzel, Kassier

Die alte Dame ist grad erst zur Ladentür hereingekommen, da ruft Roman Hirzel schon: «Frau Huber, Sie möchten sicher Zucker, aber leider kommt der erst am Nachmittag!» «Typisch Roman», sagt Frau Huber. Jeden Tag sitzt der junge Mann an der Kasse vom Langstrassen-Coop, immer freundlich. Weiss, dass Frau Huber jeden Samstag Mehl für ihren Sonntagskuchen kauft. Fragt die asiatische Frau mitfühlend, ob sie über die Feiertage arbeiten muss. Doch wenn er sieht, dass jemand keine Lust zum Plaudern hat, kann Roman auch schweigen. So wie jetzt, als ein stämmiger Transsexueller wortlos seine Einkäufe aufs Laufband legt.

Roman Hirzel strahlt etwas Liebenswertes aus. Er ist der einzige Mann an der Kasse. Und er schafft das, was sonst Frauensache ist: Lächeln, auch wenns einem nicht danach ist. Wie gelingt ihm das? «Mit Beten, ich halte jeden Morgen eine Andacht», sagt Roman. Das hat auch seine Mutter immer so gemacht. Aber das bedeute nicht etwa, «dass man als Christ auf Wolke sieben schwebt», stellt er klar. Es gebe auch Kunden, die ihn depressiv machten. Und es gibt Stammkundinnen, die umarmen ihn fast.

Roman hat schon seine Lehre als Detailhandelsangestellter bei Coop gemacht. Hier in der Langstrassenfiliale arbeitet er seit bald zehn Jahren. Seine Chefs sind so multikulti wie die Kundschaft. Der Chef ist Pakistani, die Stellvertreterin Türkin. Dass unter der Kundschaft nur wenige Schweizerinnen und Schweizer sind, darunter leide er ein bisschen, sagt Roman. Er habe halt Hemmungen, Englisch oder Französisch zu sprechen.

Aufgewachsen ist der junge Mann in Altstetten. Wie es sein würde, an der Langstrasse zu arbeiten, darüber machte er sich keine grossen Gedanken. Er ging einfach hin. Und es gefiel ihm auch, am Anfang. Doch nach zwei, drei Jahren wurde es prekärer, es kamen mehr Alkis und Drögeler in den Laden. Auch mit der extrovertierten Art der afrikanischen und südamerikanischen Kundschaft hatte der ruhige Roman am Anfang eher Mühe.

Jetzt, seit die Bäckeranlage mehr kontrolliert werde, habe es nachgelassen mit den Alkis und Junkies, sagt Roman. Er ist froh, dass er auf der Strasse weniger angebettelt wird, denn eine abweisende Miene zu machen, gelingt ihm schlecht. Erst wenn er selbst fast nichts mehr im Portemonnaie hat, sagt er auch mal: «Ich muess au go schaffe für mis Gäld!»

Sein Arbeitstag beginnt morgens um halb sieben und dauert fast zwölf Stunden. Danach hat er kaum noch den Mumm, etwas zu unternehmen. Weil er mit 29 immer noch bei seiner Mutter wohnt, feixen die Kollegen, es werde langsam Zeit, dass der Roman unter die Haube komme. Aber da, sagt Roman, habe er halt ein Problem: «Ich bin anspruchsvoll!» Wie seine Freundin sein müsste, darüber hat er genaue Vorstellungen. Blond müsste sie sein. Und Christin. «Am liebsten eine norwegische Staatsangehörige», fügt er fast ein wenig feierlich bei.

Das mit seiner Schwäche für Norwegen begann während der Realschulzeit. Da sah er mal eine Sendung auf Norwegisch. «Frida» hiess sie. Eigentlich wars ein Kinderprogramm. Aber die ungewohnte Sprache gefiel ihm. Jetzt geht Roman schon fünf Jahre in einen Norwegisch-Kurs, war bereits mehrmals dort oben im Norden. Es sei eben romantischer, ganz anders als hier. Auf dem Internet hat er schon Kontaktanzeigen laufen lassen, doch Antworten erhielt er keine. Die Norweger seien halt verschlossen, sagt sich Roman. Aber irgendwie schmerzt sie ihn schon, diese Zurückweisung.

Romans Mittagspause ist vorbei. Vor lauter Fragenbeantworten blieb ihm kaum Zeit zum Essen. «Isch gärn gscheh», sagt er. Wie meistens, wenn seine Geduld wieder einmal strapaziert worden ist. LAN

7
Stammgast Bibi erklärt die Tischordnung im Restaurant Strauss: «Hier ist der ‹Sozialer-Müssiggang›-Tisch, die Migranten vom Vierwaldstättersee sitzen am zweiten Tisch; dritter Tisch: ‹Recycling-Institution›, vierter Tisch: Direktion.»

8
Die «Saftbar» an der Zwinglistrasse.

9
Sharm Agarwal vor seinem indischen Supermarkt an der Langstrasse.

10
Señor Turienzo lässt seine Kundschaft von seinen «especialidades españolas» kosten.

11
Roman Hirzel, Kassier im Coop Langstrasse.

12

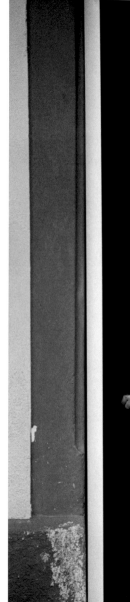

13

14

Carmen, la Napoletana, Barmaid

«Per cosa sono famosa? – Allora, ich bin bekannt für meine Art, wie ich mich präsentiere, für meine Kleider – ich mache sie alle selbst –, für meine Haare, meine Augen, für meine Beine!» Carmen arbeitet sechs Tage die Woche von 9 bis 18 Uhr hinter der Bar. «Ich ärgere mich nie, bin immer aufgestellt. Alle meine Kunden haben mich gern. Ob hässlich, hübsch, alt oder jung: Ich behandle alle gut. Manche kommen mit einem Frust zu mir in die Bar und meinen, mich beleidigen zu müssen. Bei mir geht das beim einen Ohr rein und beim andern raus. Ich kenne sie, im nächsten Moment haben sie sich wieder beruhigt. Ich lasse mich nicht unterkriegen. Ich weiss, was ich bin. Ich war Modell bei ‹Starlet›. Aber frag doch den Marcel!» Marcel, Malermeister und Stammkunde, witzelt: «Du willst wissen, wie Carmen ist? Das kann ich dir sagen: Sie ist dumm, dümmer, die Dümmste der Dummen.» Carmen begrüsst lächelnd einen eintretenden Kunden. «Nein, im Ernst, sie ist die einzige gute Barmaid, ist korrekt und reisst nicht ab. Sie vereint sieben bis acht Berufsgattungen: ist gute Unterhalterin, gute Psychologin, Psychiaterin, Beraterin in jeder Lebenslage, Geschäftsfrau, Finanzberaterin, Hausfrau, Bodyguard, Rausschmeisserin und – sie ist sexy.»

Carmen ist in Neapel aufgewachsen. Mit drei Jahren kam sie als Waise in ein Heim, geführt von Nonnen. «Warum haben die anderen Eltern und ich nicht?», fragte sie sich damals oft. «Ich habe schon früh gegen mein Schicksal rebelliert. Das hat mich stark gemacht.» So stark, dass sich Männer von ihr mitunter eingeschüchtert fühlen. Carmen wird nachdenklich: «Das macht einen einsam, weisst du.» SCN

13
Das Wirte-Ehepaar vom «Midway» vor dem Eingang ihres Restaurants.

41 Hotel Greulich

Der Name des im Juli 2003 eröffneten Hotels bezeichnet nicht allein den Ort, die Strasse, an welcher der elegante Neubau steht; er ist auch als Referenz an den engagierten Politiker, Buchbinder, Redakteur und Kantonsstatistiker Herman Greulich gedacht. Der Immigrant Greulich prägte die Schweizer Sozialdemokratie nachhaltig mit und wurde zu einer führenden Figur der Arbeiterbewegung. «Als einer der ersten SP-Nationalräte setzte er sich bereits 1918 für das Frauenstimmrecht ein», weiss Thomas B. Brunner, Eigentümer des Hauses.

Eine Übernachtung im «Greulich» könnten sich nicht viele Arbeiter und Quartierbewohnerinnen leisten – aber: «Wir wollen keine Schwellen aufbauen, die Menschen aus dem Langstrassenquartier sollen nicht den Eindruck haben, dass hier nur die ‹Noblen› verkehren; der Kontakt zum Quartier, die Vernetzung ist uns ein Anliegen», erläutert Thomas B. Brunner. Dieses Anliegen drückt sich durchaus auch architektonisch aus: Mit Respekt vor bestehenden Strukturen wurde das Hotel mit Bar und Restaurant harmonisch ins Bild der angrenzenden Gebäude integriert. SCN

15
Eine Oase mitten im Quartier: der Birkenhain im Hof des Hotels Greulich.

Meo bici

Die Velowerkstatt Meo liegt in einem typischen Aussersihler Hinterhof: auf vier Seiten die Rückfassaden der Miethäuser, mittendrin das Gewerbelokal. Vom Wohnungsfenster sehen Lilla und Carmelo Meo direkt auf «ihren» Hof und auf das gedeckte Gärtchen, das sie mit viel Liebe pflegen. Rosen, Iris, Zitronen, Geranien und Basilikum gedeihen in Töpfen und Kübeln. Zwischen Grill und Gartenmöbeln stehen Fahrräder zum Abholen bereit.

40 Jahre gibts das Velogeschäft Meo schon. Insider kennen das Logo auf dem Fahrrad-Rahmen. Carmelo Meo ist Radsportler mit Leib und Seele, ist selbst Rennen gefahren («nicht als Profi») und hat die Fahrer begleitet. Die Ehrungen, Zeitungsausschnitte und Fotos an den Wänden der Werkstatt zeugen davon: Hugo Koblet und Carlo Clerici strahlen in Grossformat. Das war Mitte der Fünfziger in der Offenen Rennbahn Oerlikon. Ein etwas vergilbtes Gruppenbild erinnert an eine Ätna-Rundfahrt vor 30 Jahren, als Carmelo als Mechaniker mit von der Partie war.

Carmelo Meo ist in Taormina/Giardini Naxos aufgewachsen. Als 19-Jähriger kam er 1957 in die Schweiz. Seine Frau Lilla stammt aus dem selben Dorf. Auch sie war noch ein junges Mädchen, als sie nach Zürich kam. «Die ersten Jahre waren nicht leicht. Vieles war so ganz anders. Aber mir hat es in der Schweiz von Anfang an gut gefallen, mir kam es vor wie ein Paradies, so sauber. Wir haben uns anpassen müssen, aber gleichzeitig hatten wir immer auch gute Kontakte zu Schweizern», sagt Lilla. Die Meos idealisieren nicht – dass die Italiener als «Tschinggen» beschimpft wurden, wissen sie noch genau, und auch die Zeiten der fremdenfeindlichen «Schwarzenbach-Initiative» sind keine gute Erinnerung.

Elf Jahre arbeitete Carmelo in einem Geschäft in Zürich-Wiedikon, seither ist das Langstrassenquartier sein Wohn- und Arbeitsort. An der Nietengasse gibts nicht nur zwei Geschosse, sondern ein geräumiges Kellerlokal dazu, wo Dutzende von Rädern und Velorahmen von der Decke hängen und Carmelo abends Spezialrahmen für seine Rennvelos anfertigt, während seine Frau vor der Staffelei steht. «Zu meinem 65. Geburtstag haben mir die Kinder Farben und Papier geschenkt, und ich habe angefangen

17

zu malen», sagt Lilla schlicht. Quadratische, farbige Bilder in Öl sind den Wänden entlang befestigt, einige wenige Gesichter, das meiste abstrakt, kraftvoll, surreal anmutend.

Das Quartier hat sich stark verändert, sagen die Meos: Früher lebten hier viele italienische Familien, an jeder Strassenecke gabs italienische Läden oder Restaurants, den Coiffeur, den Metzger, den Gemüsehändler und den Garagisten. Carmelo: «Die italienischen Gewerbetreibenden sind weggezogen, und viele kleine Läden sind für immer verschwunden. Das ist schade.» Sohn Pancrazio, 46, ist gelernter Velo- und Töffmechaniker, seit 16 Jahren aber als Informatiker tätig. Nello, wie er genannt wird, arbeitet zwei Tage die Woche in der Werkstatt seines Vaters. Er ist hier aufgewachsen. «Viele meiner Schulfreunde waren Kinder von Restaurant- und Ladenbesitzern; wir waren eine Art grosse Gang, ganz gemischt, Italiener und Schweizer. An der Brauerstrasse waren unsere Treffpunkte, der Billardsalon, die Bar Escalet.»

Nello möchte irgendwann ganz ins Geschäft seines Vaters einsteigen. Er glaubt an die Zukunft kleiner Gewerbebetriebe im Quartier, und überhaupt: Die schlechtesten Jahre an der Langstrasse seien vorbei. Die Situation rund um Drogenszene und Milieu habe sich eher stabilisiert, nicht zuletzt dank den Bemühungen der Stadt. Dass seine Kundschaft den Weg an die Nietengasse scheue, glaubt er nicht, im Gegenteil: Es kommen immer wieder neue Leute, wegen der Massanfertigungen und wegen des guten Service. «Wir sind ziemlich modern», lacht Nello Meo und zeigt auf den Computer: «Das ganze Bestellwesen erledigen wir hier, und natürlich haben wir unsere eigene Website.»

Die Meos sind im Langstrassenquartier zu Hause, Heimweh nach Sizilien haben sie nicht. «Man ist dort daheim, wo man sich wohl fühlt», sagt Lilla Meo. «Es gibt hier eine Lebensqualität, wie sie in anderen Quartieren nicht vorhanden ist», findet ihr Sohn. Die weniger erfreulichen Seiten sieht er auch, aber die Hysterie, wie sie in den Medien manchmal aufscheint, findet er übertrieben. Die Fehler seien in den 1970er-Jahren passiert, meint er, die Stadt sei zu grosszügig mit Bewilligungen gewesen. Etablissements wie der «Stützlisex» oder die Überbauung «Sonne» seien für das Quartier nicht gut gewesen. Vielleicht hätte man sich auch früher wehren müssen …

Nello, der selbst im Kreis 5 wohnt, hat die Drogenszene am Letten hautnah miterlebt und ist geblieben – im Gegensatz zu vielen befreundeten Familien, die irgendwann genug hatten. Auch Lilla findet Wegziehen keine gute Lösung: «Wer geht, macht Platz für das, was wir eigentlich nicht möchten.» Über die Drogenabhängigen und die schwarzen Prostituierten will sie nicht schimpfen – ihr ist der Respekt für andere Menschen wichtig. Und dass sie selbst einmal als Fremde hierher gekommen ist, hat sie nicht vergessen. Eingebürgert haben sich die Meos nicht, erst Nellos Kinder besitzen den roten Pass: «Ich selbst warte immer noch, bis der Stadtrat kommt und zu mir sagt: ‹Nello, du bisch ja immer da gsii, du chasch de Pass haa.›» CS

18

Die Mechanische Werkstatt von Edi Gmirr befindet sich in einem fürs Quartier typischen Hinterhofgebäude. Im oberen Stock arbeitet der Künstler Max Grüter. Der **Youngtimer von «Schirm Fredi», Geschäftsführer eines der beliebten Langstrassenläden der Familie Isaak, hat hier Parkrecht.**

18

Edi Gmirr, Mechanische Werkstatt

«Das gibts ja nicht, eine mechanische Werkstatt im Kreis 4!» Aus reinem «Gwunder» hatte sich Edi Gmirr auf das Inserat gemeldet. «Ich bin dann mit dem Bühler Gody zwei-, dreimal eins Trinken gegangen, dann war die Sache klar.» Sein Vorgänger hatte drei Jahre lang einen Nachfolger gesucht. Das war 1995. Der heute 34-Jährige gehört mit Abstand zu den Jüngsten seines Metiers, das in der Stadt Zürich gerade mal noch mit 20 Kleinbetrieben vertreten ist. Beim Betreten der Werkstatt wähnt man sich akustisch in einem Wiener Kaffeehaus: Gesänge von Qualtinger und Heller in breitestem Dialekt. Gmirr mag den schwarzen Humor ihrer Texte.

Viele von Gmirrs Stammkunden kommen aus dem Quartier: der Velokonstrukteur Meo, die Dekorateurin Barbara Künzli, Secondhand-Möbelhändlerinnen, Automechaniker, Harley-Freaks … Aber auch die SBB und andere grosse Firmen finden den Weg zu Edi Gmirr. Die Aufträge sind so vielfältig wie die Kundschaft: «Neulich musste ich fürs horizontale Gewerbe notfallmässig ein Metallbett zusammenflicken, weil sich kurzfristig ein wichtiger Kunde angemeldet hatte. Wenn du überleben willst, musst du alles anbieten: von der Tanzstange für Cabarets über Sado-Maso-Accessoires bis hin zum Kontaktkranz für Sautöter.» Am liebsten aber führt Edi Gmirr Präzisionsarbeiten aus, Spezialanfertigungen wie zum Beispiel Ersatzteile für Oldtimer. Er hat aber auch schon ganze Maschinen selbst konstruiert. Das Entwickeln von Prototypen ist seine Leidenschaft.

Zwischen Aluminium-Spänen, denen man in der Weihnachtszeit in den umliegenden Schaufenstern wieder begegnet, Werkzeugen, Metallen aller Art und den Bearbeitungsmaschinen entdecken wir ein Buch des Exil-Pakistani Tariq Ali: «Fundamentalismus im Kampf um die Weltordnung». «Das les ich als Gegengewicht zur Propaganda, die wir bei uns im Westen hören.» Das Weltgeschehen interessiert ihn. Ab und an liest er aber auch leichtere Sachen: Bücher des Wiener (!) Satirikers Haas zum Beispiel.

Edi Gmirr ist Mitglied des Gewerbevereins; er pflegt den Austausch mit Handwerkern und Selbständigen im Quartier. «Im ‹Krokodil› treffen wir uns regelmässig zum Mittagstisch. Oft sind wir auch in der ‹Weinstube›, im ‹Gotthard›, in den umliegenden Quartierbeizen halt, und wenn ich grad bei den ‹Staubmotos› zu tun habe, unten an der Müllerstrasse, in der ‹Kutscherstube›.» *SCN*

Seit Alfonso Rizzo als 18-Jähriger nach Zürich kam, hat er ununterbrochen hart gearbeitet. «28 Jahre als Bauspengler, seit 1994 bin ich Strassenwischer, immer im Kreis 4. Ich wohne grad um die Ecke, das ist praktisch. Leider sind viele Italiener weg gezogen. Mir fehlen die italienischen Läden und Restaurants – wo kann man heute noch einen guten Espresso trinken?»

Passanten grüssen ihn freundlich. Die Leute im Quartier kennen und schätzen den kleinen, herzlichen Mann mit den auffallend leuchtenden Augen. In Apulien, seiner Heimat, hat er ein Haus, aber ob er später einmal zurückgeht, weiss er noch nicht: «Ich bin hier ein Ausländer, und dort bin ich es auch.»

In den letzten paar Jahren seien die Strassen im Quartier schmutziger geworden, konstatiert er; mehr Dreck, mehr Arbeit. «Früher konnten wir Italiener kaum das Maul aufmachen, schon hiess es: «Wenns dr nid passt – gang hei. Und heute? Sehen sie sich um. Früher hat man vor der Polizei Respekt gehabt, heute müssen die Polizisten selbst Angst haben.» CS

20

23

Vom Hinterhof sind die Gesänge der Mutter-Theresa-Schwestern zu hören, die allerdings sogleich von Handwerksgeräuschen der benachbarten Spenglerei übertönt werden. Die grossen Fenster erlauben freie Sicht auf das rege Treiben im Quartier. Das Atelier von Barbara Künzli erinnert an eine offene Nähstube. «Ich freue mich über jeden Besuch. Im Winter kommt der Strassenwischer auf eine Tasse heissen Tee. Manchmal bringt eine Nachbarin ein Stück hausgemachte Pizza vorbei, und wenn ich mit der Arbeit nicht nachkomme, bin ich froh um die Fingerfertigkeit von Frau Scattolo.»

Ihre erste Stelle hatte die Thurgauerin im «Baur au Lac» als Dekorateurin. Durch Zufall, auf einer Zugfahrt, lernte sie einen älteren Herrn kennen, der seit längerem einen Nachfolger für seine Polsterei im Kreis 4 suchte. Der Polstermeister war bald überzeugt, in Frau Künzli die perfekte Nachfolgerin gefunden zu haben. Um der jungen Dekorateurin die Übernahme finanziell zu ermöglichen, übergab er ihr seinen Betrieb samt Inventar schliesslich für einen Viertel des ursprünglichen Preises. «Ich mag mich noch gut erinnern, mein erster Auftrag war ein Ohrensessel.» Seit der Eröffnung Ende der 1980er-Jahre brauchte Barbara Künzli nie Werbung zu machen, «die Aufträge haben sich immer ergeben: von Ohr zu Ohr sozusagen.» SCN

24

Tamara Matković hat die Wäscherei zusammen mit ihrem Ehemann Zeljko von dessen Eltern übernommen. «Das Überleben ist nicht einfach hier. Es wird viel um den Preis gefeilscht – manchmal hat man die Nerven, manchmal nicht.»

Farben und Formen der fein säuberlich sortierten Wäsche lassen auf eine internationale Kundschaft schliessen. Die Wäsche auf dem obersten Regal ist mit roten Zetteln gekennzeichnet: «Diese Stücke liegen bereits seit zwei Jahren gewaschen und gebügelt zum Abholen bereit. Mann weiss hier nie, vielleicht ist die Person im Gefängnis, hat Asylprobleme, kein Geld ...» SCN

26
Nachdem Frau Wahrenberger von einer Trickdiebin ausgeraubt wurde, musste sie der Polizei versprechen, keine Unbekannten mehr in ihre Wohnung zu lassen.

27

Kati Zamboni, Blumen

Es sind die Blumensträusse fürs Quartier, die hier gebunden werden. Ein runder Geburtstag, die bestandene Prüfung, ein Modeapéro, eine grosse Hochzeit oder eine Versöhnungsgeste nach dem Zerwürfnis. Hierher kommen die Bewohnerinnen und Bewohner, lassen sich Rosen, Tulpen, rote Beeren und grünes Laub zu einem wunderbaren Gebinde zusammenstecken und tauschen aus, was, wie, wo geschieht. So gut wie Kati Zamboni und Eva Bachmann ist wohl kaum jemand über die Geschehnisse diesseits und jenseits der Bäckeranlage informiert …

Im Herbst 2003 ist das schöne kleine Blumengeschäft an der Dienerstrasse 20 Jahre alt geworden. «Freundinnen haben mich ermuntert, einen eigenen Laden zu eröffnen», sagt Kati Zamboni. «Wir brauchen doch Blumen», hiess es. «Vor 19 Jahren ist Eva Bachmann hinzugekommen, und wir sind immer noch da und machen Sträusse.» Zwei Stufen hoch, «klingklang» die Ladentür, der winzige Hund Boris bellt, und auf dem rosa bestickten Sofa räkelt sich Lolita, die Katze. Es duftet würzig bis blumig, je nach Jahreszeit. Üppiges Grünzeug, ein Fenster mit Vasen, Schnittblumen nach Saison – nach Möglichkeit nicht aus Übersee und gern aus fairem Handel, im Winter Adventsgestecke (die gefallen auch, wenn man nicht Weihnachten feiert). In einer Ecke ein Ständer mit Ansichtskarten und natürlich das Anschlagbrett.

Der Blumenladen ist eine Informationsdrehscheibe, quer vernetzt und vielfach verbunden. Das geht bis hin zu Boris, der mit dem Hund von Velohändler Meo eine enge Freundschaft pflegt. Und bis zur Prostituierten, die hierher kommt, weil sie ihrer Freundin einen Strauss schenken möchte. Kaum jemand, der nicht los wird, was er auf dem Herzen hat, Schönes und Trauriges. Seit den Siebzigerjahren wohnt Kati Zamboni im Quartier, zuerst im Nachbarhaus, heute in der Wohnsiedlung Hellmi. Die zwei Jungen, die sie mit ihrem Partner grossgezogen hat, sind zwar längst ausgeflogen, leben aber ebenfalls im Kreis 4. So schnell kommt man von hier nicht los.

Kati ist realistisch: «Laufkundschaft haben wir nicht mehr so oft wie früher. Das hat mit den Veränderungen des Quartiers zu tun. In den umliegenden Strassen sind einige kleine Läden verschwunden, stattdessen werden laufend neue Bars eröffnet, eine Verödung. Für Leute aus anderen Quartieren ist der Anreiz geringer, zum Einkaufen hierher zu kommen. Kunden sagen uns, sie kommen nicht mehr so gern – man werde ja überall ‹aataaped›, für sie ist die Prostitution einfach lästig. Wir stellen fest, dass sich diese kleinteilige Ladenstruktur eher im vorderen Kreis 5 neu entwickelt hat. Hier ist sie entschieden nicht ‹in›.» Der nachbarschaftliche Kontakt der Gewerbetreibenden im näheren Umkreis aber hat Bestand: Wenn die Wäscherei geschlossen ist, geben Stammkunden ihre Hemden bei Kati und Eva ab, dafür kann eine verspätete Kundin den bestellten Strauss in der Bar gegenüber abholen.

Der Unterschied zwischen Vormittag und Nachmittag ist riesig: «Am Morgen haben wir das Quartier für uns, es ist ruhig und alltäglich. Die Dealer sind noch nicht da, die Bars sind geschlossen. So gefällt es mir besonders gut. Es kommt schon vor, dass ich die Nase voll habe vom Kreis 4. Dann nehme ich das Velo und kurve ein bisschen herum, in anderen Quartieren, im Kreis 2 oder so, aber ich finde es rasch so ‹tötelig›, dass ich gern wieder zurückkehre. Mir gefällt es, dass sich alles auf der Strasse abspielt, auch der Streit. Da greifen wir auch mal ein und versuchen zu schlichten.»

Kati Zamboni vermisst manchmal das Aufmüpfige, das Aussersihl früher hatte: «Die neue Generation, die heranwächst, hat wenig Lust auf Aktionen. Unsere Quartiergruppe ‹Frühlingserwachen›, die sich für ein Nachtfahrverbot einsetzt, kommt nicht so recht vom Fleck. Zum einen gibts diese Kultur des Schabernacks nicht mehr, zum anderen glaube ich, dass auch die Angst vor dem Milieu mitspielt.»

«Der Kreis 4 war ja immer ein Quartier der Einwandernden: Heute ist es eine andere Einwanderung, aus Afrika und Lateinamerika. Die italienischen, spanischen, portugiesischen und türkischen Migranten sind ebenso am Verschwinden wie Familien aus den Ländern des ehemaligen Jugoslawiens. Die neuen Zuwandernden sind keine Arbeiter mehr, sondern oft mit dem Milieu verbunden – die kennen die Spielregeln noch nicht. Was mich am meisten stört, sind die Freier, die irgendwo im Grünen wohnen und hierher kommen, um die Sau rauszulassen.» CS

28/29
Lebendiges Nebeneinander: das Jubiläumsfest des Blumenladens auf der einen – die Stammkunden der Röstibar aus Santo Domingo auf der anderen Strassenseite.

31

32

Gaby Staub

«Die Magnusstrasse ist meine vierte Adresse im Kreis 4: Von der Elisabethen- bin ich an die Müllerstrasse gezogen, dann wohnte ich an der Ecke Anwand-/Langstrasse und jetzt hier unterm Dach. Während einiger Zeit habe ich in Luzern meine eigene Praxis gehabt und da gewohnt, aber richtig warm geworden bin ich mit dieser Stadt nie.» Gaby Staub ist Internistin und arbeitet als Ärztin bei der Rega. In einem zur fliegenden Intensivstation aufgerüsteten Jet ist sie unterwegs, holt Unfallopfer und schwer Erkrankte nach Zürich und versorgt sie während des Flugs. Sie kennt viele Spitäler zwischen Douala und Bukarest – «mittelalterliche Zustände, unvorstellbar, wenn man an den Luxus unserer Spitäler denkt». Von den dort tätigen Ärztinnen, Ärzten und Pflegenden spricht sie mit grossem Respekt.

«Oft bin ich auf Pikett, fahre mitten in der Nacht nach Kloten oder komme frühmorgens von einem Einsatz zurück. Um fünf ist hier im Quartier eine Menge los, die Frauen stehen an der Ecke, Freier zirkulieren. Mich wundert manchmal, ob die alle schon vor der Arbeit Prostituierte aufsuchen. Angst habe ich keine, ich glaube, hier passiert einem nicht viel, anders als in den Quartieren, wo nachts alles schläft. Auch mit den Drögelern komme ich zurecht. Zeitweise waren sie ständig vor meiner Eingangstür, aber wenn ich sie bat, mit ihrem Zeug woanders hinzugehen, haben sie das getan.»

«Von Bekannten und Kollegen bekomme ich oft zu hören: ‹Wie hältst du das in diesem Quartier nur aus?› Wer am Zürichberg lebt, weiss nicht viel über den Kreis 4 – oder Falsches. Diese Leute können sich kaum vorstellen, dass man gerne hier lebt und es geniesst, unter vielen verschiedenen Leuten zu sein, im Thai-Restaurant gleich um die Ecke zu essen, den Samstagseinkauf im indischen Supermarkt zu machen, wo einen die Verkäufer und Verkäuferinnen kennen. Die paar teuren neuen Restaurants empfinde ich als Fremdkörper, sie ziehen Leute an, die hierher kommen, als würden sie einen Abstecher in die Slums machen. Ich mag lieber Orte wie die Bäckeranlage, das Xenix, die Plaza-Bar.»

1968 kam Gaby Staub mit ihren Eltern aus Tschechien, damals noch CSSR, in die Schweiz. Freundinnen und Verwandte musste sie zurücklassen und sich in einem fremden Land zurechtfinden, dessen Sprache sie nicht kannte: «Das war hart. Emigration ist etwas Schmerzhaftes.» Mit dem Blick derjenigen, die einst selbst zugewandert ist, beobachtet sie die Menschen im Quartier, hört russischen Tänzerinnen zu, die sich manchmal in der Bäckeranlage treffen, schwarzen Frauen und ihren Männern in teuren Anzügen, den schönen Thais an der Brauerstrasse, die eigentlich Männer sind. «Am schwersten haben es die Kinder», meint Gaby Staub. «Viele scheinen nirgends hinzugehören, sind den ganzen Tag draussen, sich selbst überlassen. Sie unterhalten sich in einem bruchstückhaften Deutsch. In dieser Welt hier werden viele kaum eine Chance haben.»

Gaby Staub ist in einer Industriestadt aufgewachsen: Kohlestaub, tränende Augen und chronische Erkältungen hat sie nicht vergessen: «Mir sind Industriequartiere wie der Kreis 5 noch immer zuwider. Die ehemaligen Fabrikbauten erinnern mich an früher. Anders der Kreis 4. Ich lebe allein und bin wegen der Arbeit unregelmässig zu Hause. Vielleicht schätze ich deshalb die Nähe und das Eingebundensein im Quartier. Andere, privilegiertere Wohnquartiere haben so etwas Mittelständisch-Schweizerisches, das ich nicht suche. Dort sind abends die Strassen menschenleer, das Leben spielt sich Drinnen ab. Wenn ich in meiner Wohnung die Fenster offen halte, spüre ich das Leben auf der Strasse. Menschliche Stimmen stören mich selten, ausser wenn gestritten und geschrien wird.» CS

30/31

Aussensicht – Innensicht: **Trotz warnenden Stimmen haben sich Ruth Vogt und Bernd Krauss für den Kauf ihrer ehemaligen Mietwohnung im Langstrassenquartier entschie-** den. «Wir haben uns auch Wohnungen am Zürichberg und in anderen Stadtteilen angeschaut, aber jedes Mal, wenn wir zurück ins Vieri kamen, war dieses Heimatgefühl da.».

Giuseppe Reichmuth

Paris, Genua, New York – zehn Jahre hatte der Künstler Giuseppe Reichmuth nicht mehr in der Schweiz gelebt und auch nicht mit dem Gedanken gespielt, so bald zurückzukehren. Bis inmitten seiner verzweifelten Suche nach einer zahlbaren Loft in Manhattan der Anruf aus Zürich kam: Im Volkshaus werde die Atelierwohnung frei. Innerhalb von zwei Tagen musste sich Reichmuth entscheiden.

«1895», die in Sandstein gemeisselte Jahreszahl an der gegenüberliegenden Häuserzeile erinnert ihn daran, dass er bereits seit acht Jahren wieder in Zürich lebt, denn exakt hundert Jahre später richtete er sich im vierten Stock des Volkshauses Atelier und Wohnung ein.

Mit seinem bekannt gewordenen Bild «Eiszeit – Zürich» hatte Giuseppe Reichmuth den Lebensnerv der 1980er-Jahre getroffen. Auch in seinem aktuellen Schaffen zeichnet er sich als sensibel beobachtender Zeitgenosse aus. In seinen Arbeiten zur Rolle der Schweiz während des Zweiten Weltkriegs überrascht er mit kreativen Lösungen, welche ohne moralisierenden Mahnfinger auskommen.

Vielen ist Reichmuth als «Polizist» in Erinnerung: Zusammen mit dem Musiker Ruedi Häusermann ist er während den Achtziger-Unruhen in strammer Uniform Hand in Hand durch Zürichs Strassen flaniert. Wie er damals zu den Originaluniformen gekommen ist, bleibt bis heute wohlgehütetes Geheimnis. SCN

34   34
«Je t'emporte dans ma jungle!» Frau Gloor in ihrer Zweizimmerwohnung, die sie unter anderem auch mit Spatzen teilt.

«Die Vorhänge habe ich rasch wieder abgehängt. Es gefällt mir viel besser so. Dass die Passanten mir direkt ins Wohnzimmer sehen können, kümmert mich nicht, ich habe mich daran gewöhnt. Viele bemerken gar nicht, dass hier jemand wohnt. Nur ganz selten meint jemand, es sei ein öffentliches Lokal – ein ortsunkundiger Rosenverkäufer hat sich einmal hierher verirrt. In einem offenen Raum zu wohnen, ist mir zur Lebensweise geworden.»

Raphael Pifko ist Stabsmitarbeiter in der Personalleitung der ETH Zürich und führt eine psychologische Praxis. Seit neun Jahren wohnt er in dem ehemaligen Ladenlokal an der Magnusstrasse. Er meldete sich auf ein Inserat, das Gewerberaum im Kreis 4 anbot. «Ich suchte eigentlich eine Art Loft, kaufte dann aber das 200 m² grosse Lokal, das zuvor Privatklub und ganz früher eine Bäckerei gewesen war. In der ehemaligen Backstube schlafe ich. Die Badewanne steht direkt unter dem Oblicht, so sehe ich beim Baden den Himmel und die Bäume vom Hinterhof.» Das Soussol mit den kleinen Fenstern zum Trottoir entspricht tatsächlich einem Loft: ein riesiger Raum, wenig Möbel, ein frei stehender Ofen. Das Ladengeschoss nutzt Pifko als Wohn-, Ess- und Arbeitsraum. Auch sein Kind, das zeitweise bei ihm lebt, hat hier einen Schlafplatz. Im Entrée steht ein Fahrrad. Vor dem Haus hat Pifko einen üppig wuchernden Rosenstrauch gepflanzt. «Manchmal muss ich intervenieren, etwa, wenn ein Junkie im Blumenbeet gräbt oder jemand an die Pflanzen pisst.»

Raphael Pifkos Grosseltern sind aus Polen eingewandert. Wie für viele Migrierende aus dem Osten war für sie der Kreis 4 erste Station. «So habe ich tatsächlich in diesem Quartier meine Wurzeln», sagt er fast ein bisschen stolz. Die schönen alten Schreibmaschinen, die im Schaufenster stehen, stammen noch von seinem Vater. «Er war Kaufmann in der Textilbranche, seine Geschäftsbriefe endeten immer mit dem Wort ‹hochachtungsvoll›.»

Raphael Pifko fühlt sich ausgesprochen wohl in seiner Wohnung. «Es gibt unter den Leuten im Haus eine verbindliche Art des Zusammenlebens: Das grüne Höfchen und die Dachterrasse benützt man gemeinsam. Mir gefallen auch die vielen verschiedenen Beizen rundum. Ich lebe allein und geniesse es sehr, mittags oder abends rasch noch etwas essen zu gehen. Vorher wohnte ich im Seefeldquartier. Im ersten Jahr im Kreis 4 habe ich mehr Menschen kennen gelernt als vorher in fünf Jahren. Es ist sehr kleinräumig, und unter Anwohnenden besteht ein gewisser Zusammenhalt. Jeder ist auf seine Art ein Überzeugungstäter – einer, der bewusst hier wohnt.»

Die Szenerie ändere sich Schritt auf Tritt, und am Tag sei es anders als in der Nacht. In Pifkos Umgebung herrscht geradezu kleinbürgerliche Ruhe. Gegenüber ist das Männerheim der Heilsarmee, auf der anderen Seite die Werkstatt für Improvisierte Musik und der Jugendtreff. «Lärmige Bars gibt es an dieser Ecke keine, und durch das Nachtfahrverbot ist es auch abends ziemlich still. Die Prostituierten an der Strasse kenne ich alle, grüsse sie im Vorbeigehen. Klar gibts Anmache, aber wenn sie erst einmal gemerkt haben, dass man hier wohnt, wird man in Ruhe gelassen. Auf eine bestimmte Art fühle ich mich geschützt. Die soziale Kontrolle funktioniert in diesem Quartier womöglich besser als in anonymen Wohngegenden. Das schlechte Image von Aussersihl stört mich.»

Eine dicke Haut, räumt Pifko ein, brauche es manchmal schon. Es ist vor allem das Thema Drogen, das ihn nicht gleichgültig lässt. «Aber man muss klare Grenzen ziehen. Für das Elend der Welt können wir nicht unbegrenzt zuständig sein.» Was ihn aus dem Quartier treiben könnte? «Die organisierte Kriminalität, ja, und auch eine sich weiter ausbreitende Prostitution.» CS

36
«Coiffeur» Pifko mit seinem damals noch achtjährigen Sohn Ronny, der heute in Israel lebt.

71 André Fischer

André Fischer, goldenes Ringlein im Ohr, T-Shirt und kurze Hosen, ist eine massige Erscheinung. Einer, der sich Gehör verschaffen kann, wenns sein muss. 20 Jahre lang war er Lokomotivführer der Jurasüdfusslinie und der Strecke Genf–Chiasso. Als die Personalstelle sein rechtzeitig eingereichtes Gesuch auf einen einjährigen, unbezahlten Urlaub ablehnte, schmiss er gleich den Bettel hin. «Anderen Kollegen wurde der Urlaub bewilligt, warum also mir nicht? Ich sagte denen, auf mich brauchten sie nicht mehr zu zählen, und wer am nächsten Tag meine Fahrt übernehme, sei ihr Bier.» Das wars dann. Schluss mit den SBB. Fischer fuhr trotzdem, oder erst recht, in die Karibik, «in die Domrep», wie er die Dominikanische Republik nennt. Vier Jahre lebte er dort, verkaufte Touristenorganisationen Hotelbetten in Vier- und Fünf-Stern-Hotels und verdiente gut. «Rechnen kann ich», lacht er, und über den Tisch hat er sich noch nie ziehen lassen. Als das Geschäft nicht mehr so gut lief, kam er zurück. Zurück zu Xiomara, seiner Lebensgefährtin, die er in Zürich gelassen hatte. Xiomara Fischer, seit elf Jahren in der Schweiz, stammt auch aus der «Domrep». Seit fünf Monaten hat das Paar einen kleinen Sohn, Fabian. Ein strahlendes Kind, das auf dem Stubenboden liegt und mit bunten Plastikfigürchen spielt. «Es ist mein sechstes Kind», sagt André Fischer sichtlich stolz. Aus erster Ehe hat er drei, mit seiner zweiten Frau zwei Kinder: «Die leben in der Dominikanischen Republik. Wenn ich hinfahre, besuche ich sie. Und natürlich bezahle ich für alle.»

André Fischer, 45, in Büren an der Aare aufgewachsen, mit dem gemütlichen Dialekt seiner Seeländer Heimat, hat es in einen Neubau mitten im Langstrassenquartier verschlagen. Vier Jahre lebt er schon hier. Vom Balkon aus sieht er auf die Sihlhallenstrasse, wo schon am Vormittag vor jedem zweiten Haus dunkelhäutige Frauen stehen und die Freier ihre Runden drehen. Fischer kennt sein Quartier: «Es gibt Häuser, wo nur Prostituierte wohnen. Der Hausbesitzer verlangt, dass sie anschaffen gehen, wenn sie hier bleiben wollen. Viele Frauen arbeiten, um ihre Familie zu ernähren. Andere haben einen Schweizer geheiratet, auf dem Papier. Damit sie hier bleiben können, müssen sie 20 bis 30 000 Franken Schulden abzahlen. Die haben Angst, dass sie das Aufenthaltsrecht verlieren, wenn sie ihren Männern kein Geld abliefern.»

Mit den «Nutten» hat Fischer kein Problem, für ihn ist das eine Arbeit wie jede andere auch. Was ihn dagegen nervt, ist der Drogenhandel, sind die vielen Schwarzen, die den ganzen Tag an der Langstrasse stehen. «Kontrollen werden zwar schon gemacht, aber die Dealer lässt man immer wieder laufen. Lieber verfolgen die Polizisten die Frauen und knöpfen ihnen ein paar Hunderter Busse ab. Meiner Ansicht nach müsste man das Drogenproblem viel entschiedener angehen. Die Leute ausschaffen, wenn sie ein paar Mal aufgegriffen worden sind, den Ausweis B oder C wegnehmen, kurzen Prozess machen halt. Aber die leben ja zum Teil sogar von der Fürsorge. Meinen Sie etwa, in der Dominikanischen Republik würde es so etwas geben? Dort gibt es Knäste, so eng wie Hühnerställe.»

André Fischer hat in einem Telefonshop gearbeitet, direkt an der Langstrasse, im gleichen Laden wie Xiomara. «Anfangs waren die Löhne gut, aber im gleichen Mass, wie der Umsatz gestiegen ist, wurden die Löhne gesenkt. Die Inhaber, die mehrere Telefonshops betreiben, haben den Leuten Verträge unter die Nase gehalten, und da musste man schon genau hinsehen, um zu merken, wie das läuft. Ich habe die Umsatzzahlen gesehen, mir macht man nichts vor. Meine Frau arbeitet heute 12 bis 14 Stunden und verdient etwa 3200 Franken. Schweizer machen das nicht mit, Ausländer dagegen nehmen eine solche Arbeit an. Wobei ich nichts gegen Ausländer habe, sondern gegen Arbeitgeber, die so umgehen mit den Leuten.»

Die Kundschaft des Telefonshops sind vor allem Leute aus der Karibik, aus Lateinamerika. «Bei uns ist nicht gedealt worden. Im Gegenteil, ich habe alles gemacht, um den Deal vor dem Laden zu vertreiben. Habe Wasser aufs Trottoir gespritzt, Farbe aufs Geländer geschmiert und einmal sogar Hundescheisse, damit die Dealer nicht vor dem Haus herumlungerten. Ja, und einmal ist die Polizei eingefahren, hat den Shop durchsucht, Xiomara auf die Strasse gestellt und erst noch rassistische Sprüche gemacht.» André, eben vom Militärdienst zurück und noch in der Uniform, kam dazu. Der Polizeihund schnappte ihn in den Hintern. «Ich habe denen gesagt, ich würde Anzeige erstatten, und verlangte, dass sie mich erst mal ins Spital fuhren, damit ich mir eine Starrkrampfimpfung machen lassen konnte. Den Hund haben sie dann eingeschläfert.»

Fischer ist viel gereist. Er hat in fremden Ländern seine eigene Methode entwickelt, um eine Stadt kennen zu lernen: «Ich habe einen Clochard angesprochen und ihm das Essen und Trinken bezahlt. Je nachdem habe ich ihn auch zum Bahnhof begleitet, wo er duschen konnte, und manchmal kauften wir dann noch Kleider. Clochards wissen, wo man sich in einer Stadt bewegen kann und wo es günstig ist.» Mit bettelnden Junkies und Schnorrern, die einen um Kleingeld oder «fünf Stutz» für die «Notschliifi» angehen, hat er dagegen seine Mühe. Für diese fühlt er sich nicht zuständig: «Ich bin nicht der Pestalozzi. Wenn jemand zu mir sagt: ‹Gib mer en Stutz›, dann sag ich: ‹Gib mer zwei, ich gib der dänn eine use›.» CS

Familie Adili

Dem Haus an der Brauerstrasse sieht mans an, dass seit Jahren nicht mehr viel investiert worden ist. Die Treppen sind ausgetreten, die Türen zum Teil mit Spanplatten geflickt. Familie Adili lebt seit zwei Jahren hier: Vater Jashar hat auf eigene Rechnung die beiden Zimmer frisch geweisst und das Holzwerk gestrichen, das Bad umgebaut, die Küche renoviert und sogar eine kleine Waschmaschine installiert. «Früher habe ich an der gleichen Strasse gewohnt, ein bisschen weiter vorn. Dort besitzt die Geleisebaufirma für ihre Arbeiter möblierte Zimmer mit gemeinsamer Küchen- und Badbenutzung. Vor zwei Jahren sind meine Frau und mein Sohn Ylber in die Schweiz gekommen. Damals war der Krieg in Mazedonien.» Der ältere Sohn studiert heute in Wien Zahnmedizin. Jashar erzählt, wie es dazu kam: Einen Sonderbetrag in fünfstelliger Höhe und in Deutscher Mark hat er dem Dekan der Fakultät an der Universität Skopje hinblättern müssen, damit der Sohn dort einen Studienplatz fürs erste Semester kriegte. Ein Jahr später hätte Familie Adili wieder bezahlen müssen. Gemäss Jashar ein typischer Fall, wie die albanische Bevölkerung in Mazedonien behandelt werde. Der 23-Jährige bekam zum Glück einen Studienplatz in Wien; Vater Jashar unterstützt ihn mit einem monatlichen Betrag.

Sherie und Ylber sprechen inzwischen gut Deutsch. Sherie, ausgebildete Krankenschwester mit 25-jähriger Berufserfahrung, möchte gerne den erlernten Beruf ausüben. Um sich in der Fachsprache weiterzubilden, arbeitet sie zurzeit als Praktikantin im Quartieraltersheim. Die Bewohnerinnen und Bewohner haben sie gern,

nennen sie «Cherie». Der 17-jährige Ylber war ein guter Schüler, nun sucht er eine Lehrstelle. Gerne würde er aber eine Ausbildung als Krankenpfleger machen, verrät der zurückhaltende junge Mann mit einem warmherzigen Lachen. Auf die Frage, ob es ihm im Kreis 4 gefalle oder ob er lieber wegziehen würde, sagt er rasch: «Nein, ich würde gern hier bleiben – da fällst du als Ausländer nicht auf.»

14 Jahre war Jashar Adili allein in der Schweiz. In Mazedonien, das damals noch zum sozialistischen Jugoslawien gehörte, war er Primarlehrer. «Arm waren die Dörfer», erzählt er, «dafür konnte man das Wasser von den Bergen trinken, so klar und sauber war es.» Gläubige Menschen standen unter Druck – als er als junger Lehrer seiner Schulklasse zum Abschluss des Ramadan-Festes frei gab, drohte Repression. So zog Jashar weg. Über drei Jahre arbeitete er auf einer Ölplattform in Süditalien für eine US-Firma: «Zwölf-Stunden-Schichten, eine schwere Arbeit.» Als der Vater starb, kehrte Jashar in sein Dorf zurück. Und dann wieder ins Ausland: Diesmal in die Schweiz. «Am Anfang dachte ich, ich würde bloss ein Jahr hier bleiben, um Geld zu verdienen. Dann blieb ich ein weiteres Jahr. Und so ging das weiter. Jetzt möchte ich nicht mehr zurück, nur noch in den Ferien und zur Jagdzeit.» Jashar ist passionierter Jäger, hat Wildschweine, Wölfe und sogar einen Bären erlegt. Er zeigt Fotos: Eine Gruppe von Reitern in einer wilden, kargen Berglandschaft. Auch Ylber begleitet ihn manchmal. «Tiere schiesse ich keine mehr. Ich gehe zur Jagd, weil ich gerne in der Natur bin.»

Jashar ist jetzt 51 Jahre alt. Die Arbeit im Geleisebau setzt ihm zu. Nachtschichten, schwere Arbeit bei Regen und Schnee. Der Rücken macht ihm Probleme – er möchte gern umsatteln, am liebsten auf eine Arbeit mit Menschen, wo er seine pädagogischen Fähigkeiten einsetzen kann.

Dass es ihm im Kreis 4 manchmal unwohl ist, gibt er zu: «Die Betrunkenen und die Prostituierten machen nachts Lärm, sie nehmen keine Rücksicht auf Leute, die gerne schlafen möchten. Ich denke, die schweizerischen Behörden müssten mit der Einwanderung strenger umgehen. Wer kommt, um Drogen zu verkaufen, sollte nicht einreisen dürfen, wer arbeiten will dagegen schon. Und wer länger als ein halbes Jahr in der Schweiz bleibt, sollte Deutsch lernen müssen.» Jashar lacht: «Ich selbst rede Baustellensprache, spreche Albanisch, Mazedonisch, Italienisch und Deutsch, kann mich aber auch in Serbokroatisch, Russisch, Türkisch und Bulgarisch verständigen.»

«Herz und Lachen, das könnten die Ausländer den Schweizern geben», sagen Adilis. «Wir freuen uns, wenn Besuch kommt. Unseren Gästen geben wir alles, was wir haben. Das gehört zu unserer Tradition.» Dass die Albaner keinen guten Ruf haben, schmerzt sie sehr: «Wenn dich eine Ameise ins Bein beisst, musst du ja nicht gleich alle Ameisen totschlagen», meint Jashar. «Als kürzlich ein junger Schweizer Nachbar bei uns klingelte und fragte, ob wir ihm vielleicht ein bisschen Zucker ausleihen könnten, habe ich ihm gesagt, er könne gern grad ein ganzes Kilo haben. Wenn schon ein Schweizer zu Albanern kommt!» Wenn sich die Menschen einfach so zum Kaffee besuchen würden, wie es in seiner Heimat üblich ist, wäre es so viel interessanter, sagt Jashar und übersetzt uns ein albanisches Sprichwort: «Was ich weiss, weisst du nicht. Was du weisst, weiss ich nicht. Reden wir zusammen, wissen wir mehr.» CS

Berni Haug, Schreiner

Hier könnte man einen Film aus den 1930er-Jahren drehen: niedrige, lang gestreckte Gewerbebauten, gepflästerte Hofdurchfahrten, eine Linde, die sich zwischen zwei Häusern der Sonne entgegenreckt, Blumen vor den Fenstern. «Seit sechs Jahren sind wir nun in dieser Werkstatt», erzählt Berni Haug. Aus baurechtlichen Gründen ist eine höhere Ausnützung nicht möglich, weshalb viele Hinterhofbauten bis heute erhalten geblieben sind.

«Ich mache Möbel, Regale, Betten. Mein Kompagnon hat sich auf Bauten für Film und Theater spezialisiert. Für mich ist die Langstrasse ein idealer Ort. Transporte mache ich nach Möglichkeit mit dem Velo, und in fünf Minuten bin ich zu Hause. Einige Kollegen, die früher im Quartier einen Betrieb hatten, hat es in Aussenquartiere verschlagen, weil das Grundstück überbaut wurde. Jetzt haben sie zwar viel Platz und eine zahlbare Miete, dafür fehlt das Leben rundum.» Es sei auch schon vorgekommen, dass ein Barbesitzer ihn für einen Umbau angefragt habe. Aber Haug hat keine Lust, fürs Milieu zu arbeiten: «Mir ist der freundschaftliche Kontakt zu meiner Kundschaft wichtiger. Viele Leute im Quartier habe ich über die Arbeit kennen gelernt. Unsere erste Schreinerei hatten wir an der Zwinglistrasse. Im gleichen Haus habe ich zwei Jahre gewohnt. Meine Tochter war damals noch klein. Da ist mir erst richtig bewusst geworden, was es eigentlich heisst, mit Kindern hier zu leben. Den Dreck, den Verkehr nimmst du ganz anders wahr, wenn du mit einem Kind unterwegs bist. Wir sind dann weggezogen, nicht weit weg, bloss bis nach Wiedikon, aber die Kinder können sich da viel freier bewegen.»

Direkt auf der Strasse ist es hart, findet Haug. Die Pflastersteine vor der Werkstatt hat er einbetonieren müssen, weil sie als Stoffbunker missbraucht wurden. «Morgens um acht Uhr stehen die Kleindealer bereits da vorne, ich nenne das den ‹Ameisli-Deal›.

Man entwickelt einen speziellen Umgang mit den Leuten auf der Strasse. Alle, die hier wohnen oder arbeiten, reagieren anders. Die einen sind voller Verbitterung, andere ziehen weg. Oder man schaut weg. Romantik gibts hier nicht. Was mich ärgert, ist die Rücksichtslosigkeit, vor allem von diesen properen Männern aus dem ganzen Mittelland, die sich auf ihrer Frauenschau wie Schweine benehmen, bevor sie dann wieder in ihre Häuschen zurückfahren.»

Kaum ein paar Schritte weg von der Strasse ist alles anders, fast schon idyllisch. Die Vögel zwitschern und es ist überraschend ruhig. «Als wir am Anfang abends etwas länger arbeiteten, reklamierte ein Nachbar. Wir haben schnell begriffen, dass diese kleine Ruhe schützenswert ist.»

«Im Sommer sitzen die Thailänderinnen vor ihrem Lokal, schneiden sich gegenseitig die Haare, stellen kleine Altäre für ihre Gottheiten vors Haus und schmücken sie. Es sind schon buddhistische Mönche vorbeigekommen, die von den Frauen bewirtet wurden. Das sind Szenen, die man woanders kaum erlebt. Kontakte stellen sich ein, sobald die Menschen eine gewisse Zeit im Geviert leben und ‹soweit die gegenseitigen Sprachkenntnisse reichen›.»

Für die Gewerbetreibenden ist die Quartieraufwertung ein ständiges Thema: «Vor ein paar Jahren haben wir das schon zu spüren bekommen. Nach unseren Aktionen für ein Nachtfahrverbot in den Seitenstrassen hat sich die Situation merklich beruhigt. Plötzlich wars ein guter Ort zum Wohnen, mit dem Effekt, dass die Mietzinse gestiegen sind. Eine verkehrsfreie Langstrasse – das wäre wie die Marktgasse in Winterthur, es gäbe nur noch teure Geschäfte. Wir jedenfalls könnten es uns nicht mehr leisten», sagt er trocken. «Ein schicker Laden oder ein edles Restaurant haben durchaus Platz, kommen aber fünf weitere hinzu, kippt das plötzlich. So wie es jetzt ist, hält das Milieu die Balance.» CS

39

«Seit 80 Jahren wohne ich an der Langstrasse, im gleichen Haus. Auch die Eigentümer sind noch die selben wie früher: Früher gehörte das Haus dem Vater, jetzt dem Sohn. Wir Nachbarn haben immer ein gutes Verhältnis gehabt untereinander. Auch mit den Italienern, denen aus dem Norden, sind wir gut ausgekommen. Der Kreis 4 war ein Arbeiterquartier, aber es war immer ordentlich. Jetzt wohnen Junge über mir, die putzen das Treppenhaus nicht mehr. Ich putze immer noch meinen Teil und wische vor dem Haus. Wenn ich Wäsche habe, trage ich warmes Seifenwasser aus der Waschküche und spüle damit den Dreck weg.»

«Sie glauben nicht, wie das manchmal hier unten zugeht. Die Leute verrichten ihr Zeug in unserem Hof, es liegen Spritzen und Flaschen herum. Die Huren gehen in den Durchgang zum Hinterhof und machen es mit den Männern im Stehen. Sie haben auch schon splitternackt im Hof getanzt. Es ist immer ein Lärm und ein Geschrei, bis in den frühen Morgen. Man kann nicht gut schlafen. Wir haben viele Male reklamiert, bei der Gewerbepolizei, bei der Wirtschaftspolizei. Es gibt Kontrollen, aber es passiert nichts – oder es heisst: ‹Öis sind d'Händ bunde.› Einer von der Polizei verkehrt selbst in der Bar da drüben, die kennen sich alle. Viele Leute sind weggezogen, sie haben es nicht mehr ausgehalten.»

«Das hat in den Sechzigerjahren begonnen. Vorher war es ein gutes Quartier, es hat zwar schon Clochards gegeben, aber die haben nicht gestört. Die kamen am Morgen aus der ‹Räuberhöhle› und gingen dann in die Bäckeranlage, es waren immer die gleichen. Aber nach den Krawallen beim Globus ist alles anders geworden. Dann kamen auch die Rocker, die unter dem Helvetiaplatz gewohnt haben. Frau Lieberherr hat immer das Mami gespielt für die Jungen. Das Schlimme sind diese Bars, die bis um

41

zwei Uhr oder noch länger geöffnet sind. Früher gab es nur eine Bar, die St.-Pauli-Bar. Und nachts um zwölf Uhr war Schluss.»

«Überall sind diese Häuser, in denen nur Frauen wohnen. Das ‹Rothaus› zum Beispiel, das war früher ein gut geführtes und günstiges Hotel. Jetzt sind Männer drin, die sich zu Frauen haben umbauen lassen. Ganz ungeniert sprechen sie auf der Strasse die Passanten an. Wo früher die Spenglerei war, hat der Besitzer alle Wohnungen an Negerinnen vermietet, zu übersetzten Preisen. Die schauen halt alle bloss aufs Geld. Jetzt passiert zum Glück etwas: Die Stadt hat eingegriffen und zwei Häuser gekauft, in denen es besonders schlimm zuging. Auf der Strasse und in den Läden wird Hasch verkauft. Mit den Jugoslawen ist das gekommen. Jetzt sind es die Neger, die verkaufen. Die stehen schon am Morgen auf dem Trottoir. Es sind immer die gleichen.»

«Es hat sich alles sehr verändert. Auch die Läden sind ganz anders. Früher gab es Bäckereien, Metzgereien, das Schuhgeschäft Czuka, den Lebensmittelladen, den Coiffeur. Der Herr Czuka war wie ein Vater für mich; das Haus gehört immer noch der Familie. Im Hinterhof war eine Sackfabrik. Als Einziger von den alten Ladenbesitzern ist der ‹Hauenstein›, der mit den Herrenkleidern, übrig geblieben. In unserem Haus war früher der ‹Zweidler›, ebenfalls ein Herrenkleiderladen, der ist Konkurs gegangen. Die Restaurants, der ‹Strauss›, der ‹Gambrinus›, der ‹Aargauerhof›, der ‹Schweizerdegen›, das waren Arbeiterrestaurants, in denen man gut essen konnte. Ich gehe nicht mehr hier einkaufen, sondern fahre lieber an den Limmatplatz, zur Migros. Dort sind die Sachen eingepackt, aber hier im Coop liegt alles offen herum, das Brot, das Gemüse, man weiss gar nicht, wer das alles schon in den Fingern gehabt hat.»

«Ich gehe nicht mehr so oft aus dem Haus, bleibe gerne zu Hause. Ich habe eine grosse und schöne Wohnung, mit Ofenheizung, aber das ist eine gesunde Wärme. Viele Gegenstände haben wir von Reisen nach Indien, Thailand, Ägypten oder Amerika mitgebracht. Mein Mann und ich sind gerne gereist. Die Zimmer brauche ich nicht mehr alle, aber alles ist aufgeräumt. Ich putze selbst. Die Bauernschränke hat mein Mann bemalt, auch viele Bilder sind von ihm. Er war von Beruf Maler, in der Freizeit hat er gerne Bilder gemalt. Ich war im Verkauf und habe dann als Kunststopferin gearbeitet. 1936 haben wir geheiratet. Vor dem Krieg war Arbeitslosigkeit, aber während des Kriegs hat man nicht schlecht verdient. Es waren gute Zeiten, auch bei der Arbeit, man hatte den Zusammenhalt. Die Leute haben ihre Kleider nicht weggeworfen, wenn sie ein Loch hatten, sondern das hat man stopfen lassen, auch die Seidenstrümpfe. Der Krieg hatte sein Gutes, nur hätten die Menschen nicht sterben dürfen.» CS

42
Klara Wiedmer ist am 14. August 2003 gestorben; sie wurde 86 Jahre alt. Ihre Nachbarn fanden sie drei Tage nach einem Schlaganfall und brachten sie ins Spital. Doch Frau Wiedmer war bereits so geschwächt, dass sie kurz darauf verstarb.

Am 24. Oktober fand auf dem Friedhof Sihlfeld die Urnenbeisetzung statt. Nachbarinnen, Nachbarn und Verwandte, die erst durch intensive Nachforschungen hatten ausfindig gemacht werden können, nahmen Abschied an ihrem Grab.

43
«Perla Mode». Beim Eintreten
ins «alteingesessene» Textil-
fachgeschäft der Familie
Rubinfeld wähnt man sich in
die «Gründerjahre» der
Langstrasse zurückversetzt.

Ida Gut

«In der Regel brauchst du für einen guten Sitz Ausnäher.» Um zu verdeutlichen, wie sich die Ausnahme dieser Regel optisch zeigt, nimmt Ida Gut eine ihrer Kreationen zu Hilfe: Eine Jacke aus feinstem Kaschmir, welche ganz ohne Nähte auskommt. «Der Ausnäher ist hier in die Kragenkonstruktion ausgedreht, was eine Naht überflüssig macht.» Für Laien reine Zauberei. Auf diese Lösung ist sie via Schnitttechnik gekommen. Dass diese technische Form bei Designern verpönt ist, kümmert sie wenig. «Es ist eines der unbelegten Felder, wo eigene Sprache möglich wird», erklärt sie mit viel Verve und spricht von ihrer grossen Lust, technische Konstruktionen mit Ästhetik zu verbinden, sowie davon, dass die Sympathie bei einem neuen Entwurf Voraussetzung für die Realisierung ist.

Grösser als hier könnten die Unterschiede zwischen den Geschäften kaum sein: Das Ladenlokal der Modedesignerin Ida Gut liegt zwischen einem Lack-Leder-Shop und dem «La Perla», einem «alteingesessenen» Kleidergeschäft der Familie Rubinfeld. «Die Unterschiedlichkeit hat aber keinen Einfluss auf den Kontakt, den wir untereinander pflegen. Wir begegnen uns mit Respekt, mehr noch, man mag sich.»

44

Nachbarschaftliche Freundschaftsdienste gehören zum Alltag. Wenn der Pöstler bei «La Perla» anrennt, nimmt Ida Gut die Post für sie entgegen – und umgekehrt. Die Prostituierten, die rund um Guts Geschäft der Arbeit nachgehen, kennt sie beim Namen. «Ute ist allerdings die einzige, die zu mir in den Laden reinkommt.» Eines morgens um halb sechs wurde Ida Gut von der Polizei geweckt: «Es wäre besser, wenn Sie schnell kommen würden, um Ihren Laden abzuschliessen, Bärbel und Ute sind müde, wollen jetzt schlafen gehen.» Die zwei Mädels, wie Gut die Prostituierten nennt, hatten bemerkt, dass die Ladentür nicht abgeschlossen war. Abwechslungsweise hatten sie vor der Tür Wache geschoben und in den Morgenstunden dann die Polizei informiert.

Trotz freundschaftlichen Gesten und nachbarschaftlichem Verhältnis gibt es Regeln in diesem Quartier: «Man sagt sich gegenseitig nicht, was man zu tun hat. Wer gegen diesen Kodex verstösst, muss mitunter mit Sanktionen rechnen.» Ida Gut gehört nicht zu den Jammernden, dass bei ihr bereits viermal eingebrochen wurde, erwähnt sie in einem Nebensatz. «Mir ist es wohl. Ich habe in den zwölf Jahren, seit ich hier bin, nie mit dem Gedanken gespielt, aus dem Quartier wegzugehen. Nie». SCN

45

Claire Hauser

Die Chemiserie Hauenstein an der Langstrasse verkörpert Tradition und Markenbewusstsein: Herrenhemden und -unterwäsche, Strickwaren, Krawatten, Hosen und Hüte gibt es hier in gleich bleibender Qualität, seit bald 90 Jahren. Zwischen Neon und Glitter nimmt sich der geschwungene Schriftzug «Hauenstein» Vertrauen erweckend aus. Claire Hauser hat ihre Familiengeschichte aufgezeichnet: «1903 ist mein Grossvater als Polizist aus Brüttisellen in den Kreis 4 gekommen. Mit Frau und vier Kindern wohnte er an der Ecke Lang-/Hohlstrasse. Meine Grossmutter, Elise Hauenstein, eröffnete 1916 im Parterre einen Laden mit Mercerieawaren, Strickwolle und Schirmen. Das Geschäft besteht also schon in der dritten Generation unter dem Namen ‹Hauenstein›. Elise hielt ihren Laden immer bis gegen Mitternacht offen, das war damals erlaubt. Sie sass da, strickte und wartete, ob vielleicht noch jemand eine Strange Wolle oder ein Röllchen Faden brauchte. Früher wurde eben nicht so viel aufs Mal gekauft.»

1925 erstand Grossvater Hauenstein das Haus Hohlstrasse 43 mitsamt dem Restaurant Aargauerhof; später kaufte der älteste Sohn Emil den «Gambrinus» dazu. Für Claire Hausers Mutter wurde ein modernes Geschäft eingerichtet. «Wir waren damals fast eine Art ‹Seiden-Grieder› der Langstrasse. Die damals beliebte Einkaufsstrasse war eine zweite Bahnhofstrasse für die einfacheren Leute. Als 1965 die gegenüberliegende Eisenwarenhandlung Baumann geschlossen wurde, mietete meine Mutter das Ladenlokal und zügelte Damensachen und Strickwolle über die Strasse. Seither haben wir hier nur noch Herrenmode.»

Die grossen Veränderungen setzten Mitte der Achtzigerjahre ein: Der Mercerieladen und die Drogerie nebenan mussten einem Spielsalon weichen. Gute Geschäfte wie das Kaffee- und Schokoladenfachgeschäft Villars, das Sportgeschäft Schönbucher, die Schuhläden Bally und Czuka gaben auf. «Schön war auch das Café Brennwald im Wiener Stil, wo wir mit Vertretern ‹Zwänzgerstückli› essen gingen», schwärmt Claire Hauser.

Heute dominieren Bars, Kebab-Buden und Sexshops. «Wegen der vielen verschiedenen Leute ist die Langstrasse zwar interessant, aber nicht mehr so heimelig wie früher.» Claire Hauser verbrachte ihre schulfreie Zeit bei der Mutter im Laden, ass Zvieri und machte Aufgaben. 1946 begann sie bei ihr die Lehre als Chemiserie-Verkäuferin. «Wir hatten immer zwei Verkäuferinnen und zwei Lehrtöchter. Früher war es nicht so ‹ring› wie heute: Unterwäsche in Plastikverpackung mit Foto gab es nicht, und die Damenstrümpfe zeigte man den Kundinnen einzeln, damit sie sehen konnten, wie sie am Bein aussehen würden.»

Das Quartier hatte auch früher nicht überall einen guten Ruf. «Aber Probleme habe ich nur ganz selten einmal gehabt», meint Claire Hauser, «das liegt sicher auch daran, dass ich ausschliesslich Markenartikel führe. Sicher, ich habe einige Kunden verloren, als sich die Drogenszene immer mehr ausbreitete. Allmählich kommen sie wieder, weil sie merken, dass es gar nicht so schlimm ist. Auch wenn die Zeitungen immer wieder schreiben, das Langstrassenquartier sei verslumt, so stimmt das nicht: Geputzt wird jeden Tag, Slums sind etwas anderes.» CS

49   49–58
**Eventort Langstrasse:
Langstrassenfest, Caliente,
African Freedom Festival,
Longstreet Carnival.**

51

53

Aathi-Monika Ramasamy

Mittwoch, 19 Uhr, ein Abend in der Bäckeranlage: spielende Kinder, ältere Leute auf Parkbänken, die Tische des Gartenrestaurants alle besetzt. Aathi-Monika Ramasamy schiebt ihr Fahrrad durch die Anlage, stellt es hin. Aus einer Einkaufstüte zieht sie eine Schachtel Räucherstäbchen. Rund um die mächtige Platane setzt sie die Stäbchen in die Erde und entzündet sie. Dann lehnt sie sich gegen den Stamm, umfängt ihn und setzt sich mit untergeschlagenen Beinen unter den Baum. Der abendliche Himmel schimmert durch die Blätter. Aathi sitzt ganz still da, die Augen geschlossen. Die Räucherstäbchen duften sanft und fremdartig.

«1997 kam ich zum ersten Mal in die Bäckeranlage. Mitten auf der Wiese standen diese beiden riesigen Bäume, deren Äste hoch oben ein Dach bildeten. Es sah aus, als würden sie zum Himmel wachsen. Jeden Tag setzte ich mich unter sie und sprach mit ihnen. Für mich heisst es nicht ‹der› Baum, es ist die weibliche Form, wie: die Mutter Erde, die Mutter Natur.» Jeden Mittwochabend kommt Aathi in den Park, um zu meditieren, um Kraft zu schöpfen. Andere Parkgänger beteiligen sich. Aathi träumt von einem grossen Fest unter dem Baum, wo die Menschen des Quartiers zusammenkommen.

«Aufgewachsen bin ich in Malaysia, in einer verständnisvollen und unterstützenden Familie. Mein Vater war indischer Geschäftsmann, mein Grossvater Arzt. Er hat die indische Heilkunst Ayurveda praktiziert. Später ist mein Vater Sadhu geworden, ein Heiliger, er konnte Menschen heilen. Von klein auf habe ich klassischen indischen Tanz gelernt, als Vierjährige schon stand ich auf der Bühne. In Singapur war ich bei einer internationalen Tanzgruppe und habe selbst unterrichtet.»

Das tut sie auch hier – im Jugendtreff Hardau. Fünf junge Frauen besuchen den Kurs in indischem Tanz. Sie tragen weite, bunte Kleider, die Aathi entworfen hat. Aathi drückt ihnen ein farbiges tropfenförmiges Zeichen auf die Stirn. «Es macht mir Freude, mit den Mädchen zu arbeiten. Was ich ihnen mitgeben kann, ist das Gefühl für sich selbst, für die Bewegung, die Musik, ihren Körper.» Aathi erteilt auch Mudra-Workshops: «Mudra ist die Kunst der Selbstheilung. In der Schweiz gibt es zu viel Doktor-Kultur; wenn es dem Kind nicht gut geht, schicken es die Eltern zum Arzt, damit er Pillen verschreibt. Eltern nehmen sich zu wenig Zeit für die Kinder und verstehen sie nicht. Woher das kommt? Wahrscheinlich aus den USA», meint Aathi. «Es ist eine Mentalität, die ich nicht verstehen kann. Die jungen Menschen in diesem Land haben es schwer mit ihren Eltern, und umgekehrt.» Das grosse Fragezeichen in dieser Gesellschaft seien die Gefühle. Musik helfe, sie freizusetzen. «Wenn man sich zur Musik bewegt, drückt man Gefühle aus, Anspannungen lösen sich, der Kopf wird frei, die Seele freut sich und das Herz ist in Frieden», beschreibt Aathi den Prozess. Musik und Tanz haben ihr geholfen, glücklich zu sein. Über den Tanz ist Aathi nach Europa gekommen. Mit einer Tanzgruppe gastierte sie auf Theaterbühnen grosser Städte.

In London lernte sie einen Schweizer kennen, ihren ersten Mann. «Wir haben uns sehr geliebt, ich respektiere und liebe ihn noch immer. Die Liebe hat sich aber verändert, wir waren wie Bruder und Schwester.» Aathi kehrte nach Malaysia zurück und begann eine Ausbildung in Sozialarbeit, arbeitete in Kuala Lumpur bei «Pink Triangle» und «Tanaganita», in Frauenprojekten mit Sexworkerinnen, in der Aids-Prophylaxe. «Unsere Aufgabe war es auch, die Frauen davon abzubringen, ihren Körper zu verkaufen.»

Schliesslich kehrte Aathi wieder in die Schweiz zurück. «Als Erstes ging ich sofort in meinen Park. Das war ein schreckliches Erlebnis: Überall traurige Gestalten, und einer meiner Bäume war abgeholzt worden. Der andere stand allein da. Ich redete mit ihm und habe von ihm erfahren, was in der Zwischenzeit geschehen war. Heute ist der Park ganz anders, es kommen viele verschiedene Menschen hierher. Das macht den Baum sehr glücklich. Für mich ist die Bäckeranlage der ‹Nirwana-Park›.»

«Seit mehr als einem Jahr arbeite ich in einem Einsatzprogramm beim Projekt ‹Basta›, einer Anlaufstelle direkt an der Langstrasse für Menschen in Schwierigkeiten. Mir gefällt die Arbeit, ich fühle mich wohl im Team; es sind wundervolle Leute.» CS

61

Oli Munz und Sia

Das Bild sorgte im Sommer 2003 für «jöö»- und «wie herzig»-Rufe: Ein junger Mann ist mit einem bunten Veloanhänger unterwegs zum See. In dem Vehikel sitzen quietschvergnügt zwei kleine Mädchen. Das eine ist schwarz wie Ebenholz, das andere weizenblond: Sia und Carlotta.

Auch hier in Oli Munz' Wohnung an der Hellmutstrasse hängen fröhliche Fotos von Sia, dem schwarzen Mädchen. Inzwischen ist der Sommer vorbei. Sias Laufrad liegt, winterstarr, unter dem Tisch, umgeben von einem bunten Sammelsurium von Spielsachen. Es geht auf zwölf Uhr zu, die Tür springt auf, und strahlend kommt Sia herein. Sie gibt Oli einen herzhaften Kuss und beginnt, in kurzen, kräftigen Schlucken ihre Ovi zu trinken. Die beiden plaudern noch ein bisschen in perfektem Züritüütsch, dann ziehts Sia zum CD-Player, und bald pulsieren karibische Rhythmen durchs Zimmer.

Doch das harmonische Bild täuscht. Sias Lebensgeschichte ist verwickelt und das Resultat von Kriegswirren, Entwurzelung und Kulturschocks. Es gibt in dieser Geschichte unterschiedliche Motivationen und Interpretationen, denn mit den beteiligten Personen verschieben sich auch die Perspektiven.

Klar scheint: Sias Start war schwierig. Weniger als sechs Kilo wog das gut einjährige Mädchen, als sie vor etwas mehr als zwei Jahren mit ihrer Mutter aus Sierra Leone in die Schweiz kam. Das ist etwa die Hälfte von dem, was ein Kind in diesem Alter auf die Waage bringen sollte. Überraschend ist dieser prekäre Ernährungszustand nicht, denn Sia und ihre kaum volljährige Mutter waren einen Monat lang in dem von Kriegswirren erschütterten Land auf der Flucht.

Das Einleben in der Schweiz wollte nicht recht gelingen. Ständig gab es Zoff zwischen Sias Mutter und deren in der Schweiz verheirateten Mutter. Die Streitigkeiten gipfelten im Rauswurf der beiden Dazugestossenen. Hier nun kommt Hannah Munz, Olis Mutter, ins Spiel. Sie nahm die beiden Gestrandeten notfallmässig auf. Und nachdem Sias Mutter über viele Monate verschwunden war, wurde Hannah auch offiziell Sias Pflegemutter.

Eine Zeitlang funktionierte die Zusammenarbeit zwischen der Pflegefamilie und Sias Grossmutter recht gut: Die Kleine verbrachte jeweils einen Tag pro Woche bei der Grossmutter, in der übrigen Zeit übernahmen Oli, seine Frau Morena und Mutter Hannah die Betreuung. Dass Oli sich gut mit Kindern versteht, zeigt sich auch bei unserem Besuch: Plötzlich klopft es an die Fensterscheibe. Ein Junge fragt, ob Oli ihm ein paar CDs ausleihen könne.

Oli Munz ist selbständiger Systementwickler, er kann sich seine Arbeit einteilen. Die Miete in dem alten Haus ist günstig. Mittlerweile hat der 36-Jährige seinen Alltag ganz auf Sia ausgerichtet: «Zwischen neun und zehn Uhr stehen wir auf und essen Zmorge. Um ein Uhr köcheln wir etwas, und dann unternehmen wir etwas mit Carlotta und den Gspänli.» Im Sommer zog es die bunte Schar praktisch immer an den See.

Doch jetzt ist alles unsicher geworden. Sias Mutter ist wieder da und will das Kind nach über einem Jahr zurück. Für ein dreijähriges Kind ist ein Jahr Trennung allerdings eine unwahrscheinlich lange Zeit. Oli vermutet, dass Sia inzwischen die Familie Munz als ihre eigentliche Familie betrachtet. Hannah drückt Sia an sich, sagt, Sia müsse stark werden, dürfe nicht Opfer werden: «Das Beste wäre, wenn sie ihren Pflegeplatz behalten und später hier in die Schule gehen könnte. Und wir stützen ihre Mutter, damit sie Deutsch lernt und sich integriert.» Oli sagt wenig. Er hat Angst. Angst, dass Sia eine höchst ungewisse Zukunft bevorstehen könnte. Entscheiden werden die Behörden. LAN

Hannah Hunziker

«Seit ich sieben Monate alt bin, wohne ich an der Hohlstrasse. Hier im Park habe ich gespielt, im Planschbecken da drüben gebadet. Einmal, ich war Schlafwandlerin, stieg ich aus dem Bett und ging hinüber in die Bäcki. Dort schlief ich weiter, mit dem Joggeli im Arm, bis meine Mutter mich fand.»

«In der Schule, im Hohlschulhaus, waren damals viele italienische und spanische Kinder. In einem so gemischten Quartier aufzuwachsen hat Vor- und Nachteile. So verstand ich als Kind recht gut Spanisch und Italienisch, dafür machte ich die gleichen Fehler wie meine Freundinnen, sagte zum Beispiel: ‹de Böle isch i mini Sack› und solche Sachen. Das machte meine Mutter so wütend, dass sie drohte, mich in den Deutschunterricht für Fremdsprachige zu schicken. Nein, im Ernst, die Vielsprachigkeit hat mich schon handicapiert. Immer wieder kamen neue Kinder; sie konnten schlecht Deutsch, und die Lehrerin repetierte laufend den gleichen Stoff. Meine gleichaltrige Cousine in Höngg war im Stoffplan immer weit voraus, was mich ziemlich gestresst hat. Aber trotzdem – tauschen würde ich nicht, es war eine gute Zeit.»

«Es ist ein besonderes Quartier mit seinen verschiedenen Kulturen – und eins mit Geschichte. In unserem Haus zum Beispiel soll die erste städtische Poliklinik für Geschlechtskrankheiten untergebracht gewesen sein.»

«Ich möchte nicht woanders leben. Es gibt aber Anzeichen von Verdrängungen. Zum Beispiel das neue teure Hotel. Auch die vielen schicken Leute, die plötzlich in die Bäckeranlage kommen, zeigen, wohin die Entwicklung des Quartiers gehen könnte. Bis vor kurzem hiess es noch, im Kreis 4 könne man doch nicht leben, und die ‹Bäcki› sei grusig. Jetzt kommen auch junge Mütter und Väter aus anderen Quartieren hierher; der Park ist im Trend. Ich möchte nicht, dass aus dem Kreis 4 ein zweiter Kreis 5 wird. Vieles hat sich verändert in den letzten Jahren. Mir fallen die vielen Schlüsselkinder auf, die den ganzen Tag herumhängen und nicht nach Hause können, der aggressive Ton unter den Kindern und die Erpressungen. Wer hier aufwächst, muss den Umgang mit vielen Dingen lernen.»

«Die meisten Abgestürzten im Quartier sind nicht hier aufgewachsen, kommen aus anderen Stadtteilen oder von auswärts. Nach der Letten-Schliessung war es ganz schlimm; fast jeden Tag lagen vor unserem Haus halb tote Junkies. Die Sanität kam, machte Reanimation, drei Tage später waren die gleichen Leute wieder da, und das Spiel fing von vorne an. Am meisten stört mich aber der Deal. Einer meiner Freunde hat unterdessen die Nase so voll, dass er aus dem Quartier wegziehen will. Ich beobachte an mir selbst, wie rasch sich rassistisches Denken einschleicht. Wut auf die schwarzen Dealer, die einem auf aggressive Art den Stoff andrehen wollen. Dabei weiss ich natürlich, dass sie nur das letzte Glied der Kette sind. Den Stoff beziehen sie jedenfalls von Weissen.»

«In den Kreis 4 kommt man, um sich zu vergnügen. Rücksichtslos pissen Männer überall an die Wände. Dabei hat ja wohl jede Bar ihr WC. Zeitweise stinkt es erbärmlich. Ich habe gehört, in Holland gebe es eine neue Art von Wandverkleidung, schräg gestellte Blechstreifen: Wenn die Männer drauf pissen, spritzen sie sich selbst nass. Das könnte man bei uns auch einführen.»

Hannah Hunziker, 24, ist gelernte Buchhändlerin und Mutter von David Che. Mit Mann und Sohn lebt sie heute in der Wohnung, in der sie früher mit Mutter und Schwester gewohnt hat. CS

Hasan Karakök

An der Langstrasse stehen manche stundenlang an der gleichen Ecke («Schschu-gärr»), andere habens eilig, den ganzen Tag. Der gross gewachsene Hasan Karakök wirkt in diesem Treiben wie ein mächtiger Baum, kaum zu erschüttern. Gemessenen, würdigen Schrittes geht er durch die Strasse, grüsst hier, «merhaba», wechselt dort ein paar Worte, kommt auch mit Junkies und Prostituierten ins Gespräch. «Jalla, jalla», sagt er – begleitet durch eine Handbewegung –, wenn es ihm zu bunt wird; auf Ara-bisch bedeutet dies soviel wie «macht schon, weg da». Das wird verstanden. Einen Gehstock hat er bei sich, seit ihm der Arzt regelmässige Spaziergänge verordnet hat; im Sommer sitzt er mit seiner Frau Fatma oft auf einer Parkbank in der Bäckeranlage und schaut dem Treiben zu.

An der Langstrasse nennen ihn viele «Hodscha» (religiöses Oberhaupt). Karakök hat während neunzehn Jahren den Koran studiert und kennt die Verse auswendig, eine der Voraussetzungen, um als Hafez, als Koranlehrer, zu wirken. Diesen Beruf hat er allerdings nie ausgeübt, da es in der Türkei damals verboten war, eine vom Staat nicht kontrollierte religiöse Tätigkeit auszuüben. Hier in Zürich vertritt er den Imam bei dessen Abwesenheit. Für seine Landsleute im Quartier ist Karakök eine Instanz: Er gibt Rat in religiösen Fragen und hilft, wenn jemand Probleme hat. Ein Höhepunkt in seinem Leben war vor zwei Jahren die Pilgerreise nach Mekka und Medina zusammen mit seiner Frau: Seither ist er ein «Hadj».

«Mit einem Touristenvisum bin ich im März 1971 nach Zürich gekommen», erin-nert er sich. «Damals war es noch nicht so schwierig, eine Arbeitsbewilligung zu be-kommen. Meine erste Stelle hatte ich in einer Gärtnerei, habe Rüebli ausgegraben und Salat verpackt. Mit meinem ersten Lohn kaufte ich meinen Söhnen und mir eine

64
**Seit 1943 beliebtes Spiel-
gerät und Fotosujet:
die Zebras auf der Bäckeranlage.**

65

Schweizer Uhr, eine Omega.» 1979 hat er seine Familie in die Schweiz geholt, damals arbeitete er als Maler in Schlieren. Siebzehn Jahre war er dort. Zuletzt, bis zur Pensionierung, hat er in der orthopädischen Werkstatt der Klinik Balgrist gearbeitet. Eine längst fällige Operation hat er bis nach der Pensionierung aufgeschoben. Wenn ihn heute junge Leute anbetteln, die alle ihre Gliedmassen besitzen, kann er das nicht verstehen: «In der Schweiz findet man Arbeit, immer noch.»

Hasan Karakök kommt aus der Provinz Konya: «Die ist grösser als die ganze Schweiz.» Auf der Landkarte über dem Sofa zeigt er, wo sein Heimatort liegt; Derebucak, ein Städtchen mitten in den Bergen. Seit der Pensionierung verbringen Hasan und Fatma drei Monate im Jahr dort, im eigenen Haus. «In Derebucak sind die Leute fast alle verwandt miteinander. Mein Vater war viermal verheiratet, wir sind eine sehr grosse Familie. Viele unserer Verwandten leben aber im Ausland.» Karaköks Tochter lebt in Paris, die beiden Söhne in Zürich. Alle drei sind verheiratet und haben ebenfalls Kinder.

Zürich kennt Hasan Karakök gut: In seiner ersten Zeit war er oft durch die Stadt spaziert, hatte mit dem Wörterbuch in der Hand die fremde Sprache zu verstehen versucht und das Landesmuseum besucht, um etwas über die Kultur und Geschichte der Schweiz zu erfahren. Er, der bereits Arabisch beherrschte, lernte bei Arbeitskollegen nun Deutsch, Albanisch, Serbokroatisch und Italienisch.

«Vor dreissig Jahren war es schon ganz anders. Es hiess damals, wenn du an der Langstrasse ein Geldstück verlierst, legt es dir sicher jemand zur Seite. So ist es nicht mehr.» Türkische Läden gab es damals noch keine. «Ich erinnere mich noch gut, wie schwierig es war, im Sommer eine Wassermelone zu bekommen.» Heute seien allein an der Langstrasse – er zählt – etwa 40 Geschäfte in türkischem Besitz.

Das Ehepaar Karakök wohnt seit 24 Jahren im gleichen Haus im Kreis 4. «Ich fühle mich als halber Schweizer. Wenn es mir nicht gefallen hätte, wäre ich sicher nicht 33 Jahre geblieben.» CS

67–70
**Spontane Freudenfeste auf
der Langstrasse während der
Fussball-WM 2002**.

71

72

«1974 bin ich in die Schweiz gekommen. An der Langstrasse war ich die erste brasilianische Frau. Alle anderen waren Schweizerinnen, alle hatten sie ihren Zuhälter. Ich war sehr schön. Das gab Probleme. Schweizer Männer sind gute Männer, und sie sind grosszügig. Was sie suchen, sind Liebe und Wärme, die sie daheim bei ihren Frauen nicht finden.» Beatriz ist von auffallend schöner und gepflegter Erscheinung. Ihr gehörte die Sans-Souci-Bar. Das Haus zählte zu den Problemliegenschaften im Langstrassenquartier und wurde von der Stadt Zürich gekauft, um es einer neuen Nutzung zuzuführen. Jetzt eröffnet Beatriz zwei Strassenzüge weiter ein neues Haus, eine Bar, die «Bar Beatriz – Sem Problema» heissen soll. Die Frauen – oder sind es Männer –, die oberhalb der Bar ihrem Geschäft nachgegangen sind, hat sie mitgenommen.

Beatriz spricht schnell und eindringlich, in einem wilden Mix aus Französisch und Portugiesisch, zwischendurch fallen auch ein paar schweizerdeutsche Ausdrücke: «Kinder» zum Beispiel ist ein Wort, das sie auf Deutsch sagt, auch «Angst». Mit schmalen, gepflegten Händen fährt sie sich durchs Haar, schiebt die Brille hoch, zündet sich noch eine Zigarette an und erzählt von ihrer Familie in Brasilien. Aufgewachsen ist sie zusammen mit elf Geschwistern im Nordosten, in einer Stadt nahe Recife. Ihre ganze Familie lebt von der Unterstützung, die Beatriz ihnen zukommen lässt. Jedes Jahr reist sie mehrmals nach Brasilien und besucht Eltern und Geschwister.

Über die Armut in Brasilien spricht sie nicht gern: «Ich habe Familien gesehen, die in Abfallbergen leben. In Altersheimen schlafen die Menschen auf dem Boden, ohne Matratzen. Das kann man sich hier gar nicht vorstellen. So viele arme Leute, und so viele verlassene Kinder.» Beatriz hat in Brasilien ein Heim für obdachlose Kinder gegründet, das sie seit 25 Jahren finanziert. Und eines für alte einsame Menschen. «Wenn ich dort bin, kaufe ich, was nötig ist, Betten, Möbel, Essen.» Verlassene Kinder sind für sie das Schlimmste. «Ganz junge drogenabhängige Mütter gibt es in Brasilien, die winzige Kinder zur Welt bringen – mit kleinen Köpfen, schrecklich», sagt sie und wischt sich eine Träne aus dem Augenwinkel, rückt die Brille zurecht, redet eilig weiter. Der Mann auf dem Barhocker nebenan dreht sich nach ihr um. «Wir wollen nicht von diesen Dingen reden. La vie est belle.» Die Schweiz sei auch «belle», das schönste Land überhaupt. Die Schweiz habe ihr das Leben geschenkt. Hier wurde sie aufgenommen, hier fühlt sie sich zu Hause. Sie hat einen Schweizer geheiratet, nach Möglichkeit verbringt sie das Wochenende mit ihm, nicht im Kreis 4. Sie braucht den Abstand.

«Vor zehn, fünfzehn Jahren war es an der Langstrasse besser. Dann sind die Drogen gekommen. Die haben die Menschen kaputt gemacht. Da vorn bei der Bushaltestelle sind immer so viele kranke Menschen. Manchmal kommen sie in die Bar. Wenn es kalt ist, gebe ich ihnen Kaffee oder etwas zum Anziehen. Ich möchte ihnen allen sagen, dass sie die Finger von den Drogen lassen sollen. An eine junge Frau erinnere ich mich noch genau: Sie ist oft zu mir gekommen, eine Prinzessin, eine von und zu, erst 17, immer auf Drogen – schön war sie, fein, man hat sofort gemerkt, dass sie etwas Besonderes war. Sie ist schon lange tot.»

Was Verlassenheit ist, hat sie selbst erfahren. Damals war sie elf. Dass sie vom Priester der Kirche, in der sie Zuflucht suchte, zurückgestossen wurde, hat sie nicht vergessen. Über die Kirche spricht sie ohne Sympathie: Sie glaubt nicht an Himmel und Hölle, sondern an das Leben. Hier und jetzt. Über die jungen Frauen, die hierher kommen und sich prostituieren, hat sie ihre eigenen Ansichten: «Für ein, zwei Jahre in die Schweiz, um Geld zu verdienen, das ist nicht gut. Il faut tout faire avec de l'amour. In Brasilien gibt es keine guten Prostituierten, die sind alle in Europa.» Wie viele Frauen aus Lateinamerika war Beatriz in den ersten vier Jahren in Paris. «In der Schweiz ist es besser. Hier ist das Geld. Die Männer bezahlen gut.» CS

Zu vermieten:
1 Zr.- Appartement
Tel. 056 - 26 33 61

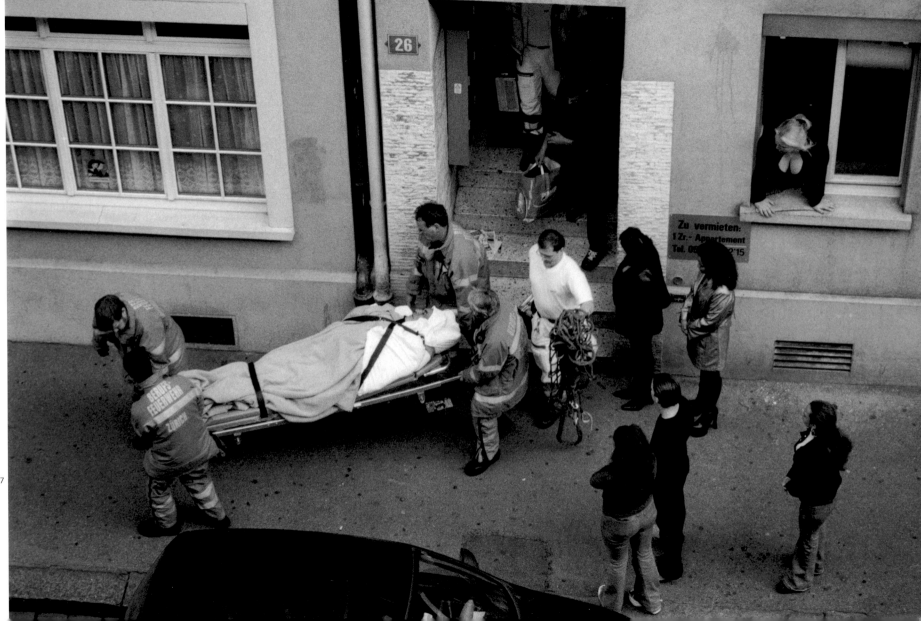

77

80 78/79
**Franco an seinem
Arbeitsplatz, dem Eingang
zum Club Lambada.**

80
**Kulturtreffpunkt Lang-
strasse: Neben dem legen-
dären Jazzcafé Memphis,
bekannt geworden durch
Kurt Frühs «Bäckerei
Zürrer», bietet auch das
Café Casablanca jungen
Bands regelmässig
Auftrittsmöglichkeiten.**

81
**Vorabendstimmung in der
St.-Pauli-Bar. Heute ist
Premiere der neu engagier-
ten St.-Pauli-Girls. In einem
Monat werden an ihrer
Stelle wieder andere Frauen
auftreten.**

Maria und Linai Tardivo-Almeida

Eigentlich hätte Maria gar keine Zeit. In drei Stunden eröffnet ihre Freundin Beatriz nebenan die neue Bar. Bis dahin müssen der Brotpudding und diverse Sorten von Häppchen fertig sein. Am Tisch sitzen zwei Gäste, nun klingelt auch noch das Handy. Doch die dunkelhäutige Frau mit der kräftigen Statur scheint das nicht zu stressen. Gelassen stellt sie eine Schüssel mit Teig auf den Wohnzimmertisch. Dann lässt sie ihre Hände tanzen. Blitzschnell formen sie Coxinhas, Teigrondellen, die dann mit Poulet und Gemüse gefüllt und von einer Helferin frittiert werden.

Maria Tardivo-Almeida ist 51 Jahre alt. Sie stammt aus Mato Grosso, dem riesigen brasilianischen Urwaldgebiet nahe der bolivianischen Grenze. 25 Jahre ist es schon her, dass sie mit ihrem frisch angetrauten Tessiner Ehemann und der kleinen Tochter von São Paulo in die Schweiz kam. Wunderschön sei die Schweiz damals gewesen, sagt Maria in einer melodiösen Melange aus Portugiesisch und Italienisch. «Die Ausländer waren Italiener, Spanier, Portugiesen. Man hatte Respekt voreinander.» Heute sei das nicht mehr so. «Viele verdienen hier Geld, reden aber schlecht von der Schweiz.» Für Maria ist jenes Land Heimat, das ihr zu essen gibt. Marias Traum wäre ein richtiger Cateringservice mit drei, vier Angestellten. Aber das ist hier viel zu teuer.

Von ihrer Wohnung aus bekommt die Familie alles mit, was auf der Strasse so abläuft. Nein, die Prostitution störe sie nicht, sagt Maria. «Meine jüngere Tochter Linai ist hier sicherer als anderswo, die Frauen würden sofort eingreifen, wenn sie belästigt werden sollte.» Die Prostituierten sind auch Marias Kundinnen.

«Das wahre Problem», sagt Maria, «sind die Dealer». Sie sage zu ihnen: «Por favor, geht weg, es hat Kinder hier.» Und dann würden sie tatsächlich verschwinden.

Es komme halt darauf an, wie man die Menschen behandle. Manchmal wäre Maria gerne Polizistin. Sie würde auf die Dealer losgehen, die sich aufführten, als wären sie bei sich zu Hause. «Und trotzdem können sie bleiben, weil sie ihre Papiere fortgeschmissen haben.» Total ungerecht findet sie das, und sie kann nicht anders, als den illegalen Frauen, die mit Prostitution nichts am Hut haben, kleine Jobs zu vermitteln. Auch wenn das verboten ist. Aber so können sie wenigstens ihren Familien ein bisschen Geld schicken.

Tochter Linai hat aufmerksam zugehört. Drogen? Prostitution? Nein, das sei nichts für sie, sagt die zierliche 13-Jährige. Sie lebe aber gern im Langstrassengebiet: «Es ist alles so nah, und Drogen gibts überall auf der Welt.» Früher ging Linai oft in den «kl-Einstein», Ursula Strickers Kindertreff. Wegen der Aufgabenhilfe, aber auch, weil dort nicht gekifft werde. Linai tanzt unheimlich gern. Hip-Hop und Samba. Sie möchte ein Star werden wie Britney Spears oder Christina Aguilera. Letztes Jahr seien sie Zweite geworden im nationalen Hip-Hop-Championship. «Und nächstes Jahr dürfen wir an die Weltmeisterschaft, wenn wir so gut bleiben», freut sich Linai und setzt ihre Ballonmütze auf: Höchste Zeit fürs Tanztraining! Maria schaut ihrer Tochter liebevoll nach.

Maria lebt von Tag zu Tag. Sie glaubt an ein höheres Wesen, das alles geschaffen habe. Geld brauche sie keines. Oder dann höchstens für eine Weltreise. 50 000 Franken wären schön. Sie will bald einen Aufruf im Internet starten. Unrealistisch? «Nichts ist unmöglich im Leben, und nichts ist Zufall», entgegnet Maria mit ihrer sonoren Stimme. Aber zuerst kommt der morgige Tag. 400 Coxinhas, pünktlich zu liefern an ein Altersheim. LAN

Ursula Stricker, «kl-Einstein»

Noch ist es ruhig, noch gleicht «kl-Einstein» mehr einer Arche Noah als einem Kindertreff: «Chüngel» Höpperli, ein Findeltier aus der nahen Bäckeranlage, knabbert an einem Rüebli. Papagei Rico, früher traurige Attraktion einer Restaurant-Toilette, sitzt für einmal still in seinem Käfig. Und Virus, Ursula Strickers lammfrommer Schäferhund, träumt.

Doch ab drei Uhr wirds quicklebendig in dem Lokal an der Ecke Herbart-/Hohlstrasse. Gegen 60 Kinder und Jugendliche aus dem Langstrassengebiet werden in den nächsten vier Stunden hereinschneien. Sie heissen Elmedin, Redzhep, Adis, Blendi, Silvana, Alegria, Berbuce, Valbona. Das jüngste Kind ist vier, der älteste Junge 17 Jahre alt. Aber der hat grad einen Unfall gebaut, Ursula Stricker will ihn morgen im Spital besuchen.

Im Kreis 4 kennt fast jedes Kind Ursula Stricker. Ihre rauchige Stimme, den lebensklugen Blick, ihren Humor. Im «kl-Einstein» darf man tun, worauf man Lust hat oder was grad sein muss. Sich bei den Aufgaben helfen lassen. Spiele machen. Oder einfach herumhängen und reden. Im Keller breakdancen und rappen.

Natürlich gehts nicht ohne Regeln. Kiffen, Alkohol und harte Drogen sind verboten, da kennt Ursula Stricker kein Pardon. «Und», verlangt sie, «den lieben Gott, Allah oder wie sie denn heissen, lassen wir vor der Tür.» Sie fragt prinzipiell nicht, wie es die Kinder zu Hause so haben. Und erfährt damit umso mehr über das stressige Aufwachsen zwischen zwei Kulturen und der Koexistenz mit Drogendeal und Sexgewerbe. Auf die meisten Kinder wirke das abschreckend, stellt Ursula Stricker fest: «Die Mädchen sehen, dass die Prostituierten jeden Löli nehmen, gruusige Typen – und dass die Frauen nicht reich werden.»

83/84
Ursula Stricker und ihr «kl-Einstein» bleibt für viele ein Anziehungspunkt, auch wenn sie dem Kindesalter entwachsen sind. Das Bild links entstand 1998, zur Gründungszeit von «kl-Einstein». Das Foto rechts stammt aus dem Jahr 2003.

Ursula Stricker holt kein Kind von der Gasse. Die kommen von selbst. Das war schon vor fünf Jahren so, als die heute 57-jährige Frau und Mutter von drei Söhnen in dem früheren Ladenlokal bezahlte Aufgabenhilfe anbieten wollte. Gedacht wars als Zubrot zu ihrer IV-Rente, denn Ursula Stricker hat einen kaputten Rücken. Doch für Aufgabenhilfe zahlt im Kreis 4 niemand Geld. So öffnete sie denn ihre Tür für die immer zahlreicheren Kinder, die ihre Nase an den mit allerlei Trödel gefüllten Schaufenstern platt drückten.

Engelchen sind die Kinder nicht. Einige Jungs haben schnelle Fäuste. Doch meistens genügen wenige Worte, und die Streithähne lassen voneinander ab. Man spürt: Diese Autorität stammt nicht aus Lehrbüchern. Tatsächlich ist Ursula Stricker selbst unter erschwerten Bedingungen gross geworden. Sie verlor ihre Mutter, als sie zwei war, wuchs dann bei Verwandten auf, haute ab, wollte zum Zirkus, lebte eine Zeitlang auf der Gasse und übte das Zusammenleben auf die harte Tour. «Ein Güterwagen», sagt sie trocken, «wird rascher warm, wenn zehn darin schlafen als bloss einer.»

Fünf Jahre führt Ursula Stricker den «kl-Einstein» nun schon. Gratis. Das Geld bettelt sie zusammen. Subventionen will sie nicht. Gelegentlich weckt diese Ungebundenheit auch Neid, denn mittlerweile ist die «kl-Einstein»-Gründerin schon ziemlich berühmt. Sie war Gast bei Kurt Aeschbacher und hat mehrere Preise bekommen.

Das Geld kann Ursula Stricker gut gebrauchen – auch, weil sie bereits neue Pläne hat. Seit sie gesehen hat, wie abgestellte Langstrassenkids aufblühten, als sie im Tessin in einem Bach herumtoben konnten, ist klar: In Cadenazzo soll ein Haus umgebaut werden, damit benachteiligte Kinder dort gratis Ferien machen können. Der Trägerverein ist gegründet, Geldgeberinnen und Geldgeber sind hochwillkommen, positive Emotionen garantiert ... LAN

85

«Fussball spiele ich, seit ich ganz klein bin. Mein erster Klub war der Ballspielclub Albisrieden, dann war ich bei Juventus und jetzt bei GC. Ich bin Mittelstürmer.» Im Sommer 2003 konnte Nzuzi ins GC-Internat in Dietikon eintreten. «Es gefällt mir sehr gut, aber es ist auch streng. Wir werden um halb sieben Uhr geweckt. Ich stehe immer eine halbe Stunde früher auf, weil ich duschen will, damit ich fit werde», sagt er und lacht verschmitzt. «Von acht bis zehn Uhr haben wir Schule, anschliessend zwei Stunden Training. Dann denke ich manchmal an meine Kollegen von früher und daran, dass die nun alle noch in der Schule sitzen. Wir haben weniger Unterricht, aber dafür arbeiten wir in dieser Zeit richtig gut. Nach dem Mittagessen sind wir zuerst zwei Stunden in der Schule, dann haben wir nochmals zwei Stunden Training. Um 22 Uhr müssen wir im Bett sein. Jedes Wochenende haben wir Match. Wenn wir an Auswärtsspielen sind, kann ich manchmal überhaupt nicht mit meiner Familie zusammen sein. Auch meine Schulkollegen von früher sehe ich nur noch selten. Mit der U 14 fahren wir manchmal an internationale Turniere, nach Deutschland oder Österreich, dann kann ich gar nicht nach Hause.»

Nzuzi, 13, ist ein Fussballtalent. Auf der Bücherwand im Wohnzimmer stehen die Pokale in Reih und Glied, hängen unzählige Medaillen und Auszeichnungen. Als Zweijähriger ist er mit seiner Familie aus dem Kongo in den Kreis 4 gekommen. Er ist im Quartier aufgewachsen, bis vor kurzem hier zur Schule gegangen, zwischen den Schulhäusern Kern und Hohl hat er gespielt. Familie Toko-Bundebele hat fünf Buben, alle spielen Fussball – der Vater spielt beim African Football Club in Zürich-Schwamendingen. «Ich möchte Profispieler werden», sagt er ernst. Dass dieses Ziel mit harter Arbeit verbunden ist, weiss er genau. Sein Fussballerleben hat bereits angefangen. CS

86
**Nzuzi inszeniert für die
Fotografin**.

Jimmy 137

S'isch Morge am eis, Egge Coop, Sunne
automatisch schaff ich's
nachem Schaffe det umezlungere
s'isch nume e Frag vo de Ziit
wo bliibt dänn min Empfang numä
s'cha ja chum sii
dass dä Jimmy 137
uf's Mal uf sini Prinzipie schiisst …
und sich
und sin fixe Termin mit mir verpiext …

dänn sit ja fascht scho immer
isch es im sini Sitte
nach mim Fiirabig
mir uf de Pelle wellä umez'rittä
damit ich em zum X-te
chan erwidere:
Bitte, Fründ
aber au hüt
han ich leider für dich kei Münz …

Trotzdem hoff ich nume
Er isch no umä
Mit oder ohni Sprütze
ob er mich jetzä
nervt oder nüme
ich wird en vermisse
bis morn, zum X-te
Jimmy dä F… Fründ.

«Diesen ‹rhyme› habe ich für einen Junkie geschrieben, den ich bis vor kurzem fast täglich angetroffen habe. Er hat meist ein paar Franken verlangt, und ich habe ihm auch was gegeben. Einmal traf ich ihn nachts, als ich eine Spraydose bei mir hatte. Er nahm sie und schrieb mit grossen Buchstaben auf die Hauswände: ‹Jimmy 137›. Seither heisst er für mich so.»

Stocker, 23, ist einer von drei MCs in der Zürcher Gruppe «Casino». Er rappt in Zürcher Dialekt. Fünf Jahre hat er die Kunstschule F + F besucht, jetzt lebt er in einer WG an der Langstrasse, in einem schmalen Zimmer voll von Elekronik, CDs und Kabeln. An den Wänden hängen seine Zeichnungen, minutiös ausgeführte Grafiken in schwarz-weiss, kraftvoll. Er kann auch anders. Farbig, comic-artig, auf Holz oder in Acryl.

Sein Fenster geht direkt auf die Langstrasse. «Voll Chaos», kommentiert Stocker. «Früher habe ich im Wallis gewohnt, in einem Dorf mit bloss 35 Einwohnerinnen und Einwohnern, abends wars total still. Ich kenn auch den Lärm, denn zeitweise lebte ich unter der Anflugschneise des Zürcher Flughafens. Mich ziehen Stille und Lärm gleichermassen an, ich brauche beides.» Im Moment arbeitet Stocker in einem Kino nahe der Langstrasse. «Meistens komme ich erst gegen elf Uhr nachts raus. Der freie Abend fängt bei mir deshalb spät an. Oft bin ich nachts noch lange im Studio. Wenn ich nach Hause komme, ist draussen noch voll Betrieb. Unten im Haus ist eine Bar, die von Mitternacht bis fünf oder sechs Uhr morgens geöffnet ist. Im Bar-Club gegenüber ist Kampfhunde-Schau, ein ständiges Gebell und Geschrei. Früher hatte ich ein Zimmer an der Zwinglistrasse. Es war ein Loch, teuer und lärmig. Unten war ein christlicher Treff für Leute von der Gasse. Abends konnte ich zusehen, wie im Hinterhof die BMWs vorfuhren und die Kleindealer angerannt kamen, um sich den Stoff zu holen.»

«Ich gehe oft aus, an Partys, aber auch in die Beizen im Quartier, ins ‹Volkshaus›, in den ‹Schweizerdegen›, in den Würstli-Shop oder in die ‹Sonne›. Die Langstrasse auf unserer Seite ist nicht trendy, wer das sucht, muss schon in den Kreis 5. Ich finde es hier interessanter, beobachte die Leute in den Beizen, höre zu, wie sie sprechen, und es stört mich nicht, dass der Wurstbrater jeden Tag die gleichen Witze macht.» CS

89

91

92

93 92
**Pfarrer Siebers «Sunestube»,
eine von über 35 sozialen
und soziokulturellen Einrichtungen im Langstrassen-
quartier.**

93/94
Suleyman, genannt Soleil,
ist seit vielen Jahren im Quartier unterwegs. Ab und zu
wird er «aus dem Verkehr»
gezogen. Heute ist er zurück:
«J'étais en prison, ils étaient
si humains!», erzählt er lächelnd.

Schumi

Schumi – viele Leute im Langstrassenquartier kennen ihn als den «happy junkie». Er hat ein grosses Herz und viel Humor, und auch nach einigen Bieren behält er den Überblick. Von sich selbst sagt er, er sei Polytoxikomane. Auf Deutsch heisst das: koksen, rauchen, trinken und so. «Aber was bedeutet das schon? Halb Zürich ist auf Drogen, nicht nur im Kaufleuten.»

Als Jugendlicher kiffte er und schmiss Trips – auf Heroin kam er erst mit 22, eher spät, wie er selbst sagt. «Die Szene hat sich verändert. Wenn du den Letten erlebt hast, diesen ganzen Siff dort – was da heute an der Langstrasse abgeht, hat mit damals nichts mehr zu tun. Die Junkies sassen im Regen und Schnee, schliefen auf dem Boden und wurden bis auf die Haut nass, viele waren krank – es war grauenhaft. Dass eine so reiche Stadt wie Zürich so lange zugeschaut hat, ist mir unverständlich. Jetzt ist es viel ruhiger geworden.» Von den Bemühungen von «Langstrasse Plus» um die Beruhigung des Quartiers hält er nicht viel. «Dass es früher an der Langstrasse besser war, ist falsche Romantik. Das war doch einfach brutal. Die Ersatzdrogen haben die Szene stark reduziert.» Vorsichtig wird Schumi, wenn die Rede auf das Milieu kommt. Damit will er nichts zu tun haben.

Bis zum dritten Lebensjahr wohnte Schumi in den Schindelhäusern in Zürich-Wipkingen, dann an der Stadtgrenze. «Seit dem ‹Chindsgi› nennt man mich Schumi. Wie beim anderen Schumi, aber bei mir kommt es von Schönbächler. Meine Familie stammt aus Einsiedeln. Der Grossmutter haben sie das Häuschen enteignet und es versenkt, als der Sihlsee gestaut wurde. Elf Kinder hat sie gehabt. Die meisten sind später nach Kanada ausgewandert.»

«Meine ersten Joints habe ich in der Religionsstunde geraucht. Als ich mit bemalten Jeans in die Schule kam, schickten sie mich zum Schulpsychologen. Ich hatte von allen Kindern am meisten ‹Sträfzgi› und bin aus der Schule geflogen, weil ich immer gelacht habe.» Mit 15 Jahren war er auf der Gasse. Verzeigungen hat er einige gehabt. Im Knast war er auch. «Dort habe ich viel geschrieben. Eigentlich sollte jeder als Zwanzigjähriger einmal 24 Stunden in den Knast, damit er weiss, wie das ist.» Schumi hat die 1980er-Bewegung miterlebt, im AJZ verkehrt und in besetzten Häusern gewohnt. Aus dieser Zeit kennt er noch eine Menge Leute. An Demos wurde er einige Male verprügelt. Aus der Tasche seiner schweren Jacke holt er drei schwarze Gummigeschosse, später, bevor er geht, steckt er mir eines zu: «Damit schiessen die an Demos auf die Leute.»

Schumi hat keinen festen Wohnsitz: «Wo ich einschlafe, stehe ich morgens auf. Früher war ich oft im Ausland, in Spanien, in Marokko. Ich habe viel Handwerkliches gemacht, Lederschmuck und anderes. Das habe ich überall verschenkt. Ich könnte auch anders leben. Geld habe ich genug. Aber mir passt es so. Ich penne draussen, auch im Winter. Minus 10, 15 Grad, das halte ich aus. Die Kälte ertrage ich besser als die Hitze. Ab und zu übernachte ich bei einem Kollegen, aber im Freien fühle ich mich wohler.»

Auch wenn weiterum geklagt wird, es gebe keine Solidarität mehr in der Szene, so liefert Schumi den Gegenbeweis: Er hilft, wenn er kann, und notfalls mit dem Fünfliber, den er eben bekommen hat. Die symbolische Gage für das Interview schenkt er unmittelbar nach unserem Treffen einem Alki, der ihn um «Stutz» angehalten hat. So ist der Schumi. Mit weit ausholenden Schritten entfernt er sich, die Langstrasse abwärts. CS

98

Sandy

Sandy ist kontaktfreudig: Auf dem Weg ins Café grüsst sie hier, winkt dort, plaudert ein bisschen mit der Wirtin und bestellt eine «Schale». «Ich komme aus Portugal, aus Lissabon», erzählt die blonde, üppige Frau. «Meine Mutter hat zwölf Kinder gehabt; ich war die Zweitjüngste. Mein Vater ist früh gestorben, und meine Mutter hat uns allein gross gezogen. Sie hat vom frühen Morgen bis spät in die Nacht hart gearbeitet, damit wir zu essen hatten – es gab vor allem Kartoffeln und Mais aus dem Garten. Mit zwölf Jahren bin ich von zuhause weggegangen, in die Stadt. Mit 17 reiste ich illegal nach Frankreich, in einem Camion. Vier Jahre war ich in Frankreich, habe auf der Strasse gearbeitet, die Polizei war immer hinter mir her. Dann bin ich in die Schweiz gekommen, mit einem Vertrag als Cabaret-Tänzerin. Ich kenne die Cabarets von Genf bis Fribourg.»

21 Jahre ist Sandy bereits im Kreis 4. «Es ist ein guter Ort zum Arbeiten. Probleme habe ich nie gehabt. Pas de scandale. Meine Papiere sind in Ordnung, ich bin mit einem Schweizer verheiratet, zahle meine Steuern, alles legal. Nun heisst es, wir dürfen nicht mehr am Fenster stehen. Was sollen wir denn tun? 800 Franken Busse habe ich kürzlich bekommen und weiss nicht einmal, weshalb. Ich habe in diesem Haus sieben Zimmer gemietet und vermiete sie weiter an Mädchen, die ich alle kenne, Brasilianerinnen und Kolumbianerinnen. Schweizerinnen arbeiten kaum je in diesen Häusern. Wenn ich das hier aufgeben muss, gehe ich zum Sozialamt. Was mich ärgert, ist, dass ich hier im Quartier als Privatperson keine anständige Wohnung mieten kann. Die Vermieter wollen mir keine geben.»

Ihre Kundschaft ist ganz gemischt, manche sind 22 bis 25 Jahre alt, die meisten älter. Der grösste Teil davon ist schweizerischer Herkunft, einige unter ihnen kommen seit 15 Jahren regelmässig zu Sandy. «Mit Ausländern sind wir vorsichtiger; die wollen oft nicht den festen Preis bezahlen und versuchen zu markten. Das passt mir nicht. Gut läuft es am Morgen, zwischen sechs und acht Uhr. Sehr viele Männer kommen zu uns, bevor sie zur Arbeit gehen.» Sandy lacht kurz und wird dann rasch wieder ernst: «Was hier läuft, kann ich nicht verstehen. Wenn die Polizei zehn Illegale ausweist, kommen 80 neue nach. Den Frauen, die keine Papiere haben, werden keine Bussen verteilt – wozu auch, nach ein paar Monaten sind sie weg. Man sollte uns in Ruhe lassen. Prostitution hat es immer gegeben. Wir tun nichts Schlechtes. In Genf sind die Prostituierten gut organisiert und schützen sich selbst. In Zürich ist es nicht so. Die Frauen trauen sich nicht, sich zu wehren.»

Aus der Handtasche holt sie ihr Handy und zeigt uns Fotos: «Ich liebe meine Nichte und meinen Neffen; sie gehen noch zur Schule. Meine Nichte ist sehr klug, sie hat mehrere Schulklassen überspringen können und studiert Medizin. Ich bin stolz auf sie. In Portugal habe ich ein Haus und meine Familie. Aber zurück möchte ich trotzdem nicht.» CS

100
Sandy am «Samichlaus»-Tag.

Mensch! Quartier!

Schlussgedanken von Rolf Vieli

Im «Tages-Anzeiger» erschien 1993 unter dem Titel «Es dürfen nicht noch mehr Probleme in den Kreis 4 verlagert werden» ein Interview von Charlotte Spindler mit dem damaligen Stadtammann vom Kreis 4. Ort war sein Büro in einem gesichtslosen Bürogebäude. Auf dem gleichen Stock: Betreibungsamt, Drogenfahndungsstelle, Arbeitsvermittlung für Frauen. Im selben Haus eingemietet ein Autohandel und eine Schule mit Schülerinnen und Schülern aus der ganzen Welt. Im Lift ein Sprachengewirr, Kreis 4 live.

Der Anlass zu dem Gespräch war mein Rücktritt als Betreibungsbeamter und Stadtammann. «Der Stadtkreis 4 war und ist für mich als hier Geborener auch immer Zeitgeschichte und Vision einer gerechteren Gesellschaft, einer lebenswerten Welt, ein Gegenentwurf zur menschlichen Kälte», so fasste Frau Spindler meine Aussagen zusammen. Meine grösste Sorge damals war die Häuserspekulation: Fast alle Namen der in letzter Zeit öffentlich genannten Spekulanten könnten auf einer Kreis-4-Gedenktafel angebracht werden. Noch heute erinnere ich mich an die abrupte Veränderung des Quartiers. Massagesalons, Spielsalons und Sexshops florierten zu Mietbedingungen, die kein normales Gewerbe verkraftet. «Jahrelang hat er die Liegenschaftenkäufe, spekulativen Neubauten, dubiosen Handänderungen und das Auftreten immer neuer Strohmänner mitverfolgt, hat gesehen, wie sich die Umgebung schleichend zum Schlechten gewandelt hat, und jetzt kümmert sich sein Amt um die Auswirkungen», soweit die Quintessenz des Artikels. Zu beklagen waren also eine verfehlte Stadtplanung und eine legere Bewilligungspraxis. «Es dürfen nicht noch mehr Probleme und Gewalt (sei es von Autos, Dealern, Freiern) hierhin verlagert werden. Nur so kann der Kreis 4 als farbiger und attraktiver Ort überleben.»

Heute, zehn Jahre später, halte ich dieses Buch in den Händen. Ein Buch über das Leben im Langstrassenquartier, über Menschen, Plätze, Häuser. Ich freue mich, dass Sie uns als Betrachterin und Betrachter auf unserem Streifzug durch das Langstrassenquartier begleiten. Sie begegnen in den Bildern und Texten Menschen, die ich teils seit vielen Jahren kenne und schätze, und entdecken vielleicht Unbekanntes, Ungeahntes, Unerwartetes. Wie gerne hätte ich Sie an meiner Seite gehabt während unserer Sitzungen, in denen das Buch Gestalt angenommen hat. In diesen Stunden wurde die Reichhaltigkeit der Aussersihler Geschichte, das Leiden und die Freuden seiner Bewohner greifbar. In der Auseinandersetzung mit der kollektiven Vergangenheit wurden auch meine eigenen Erinnerungen an Kindheit und Jugend in diesem Quartier wieder schärfer.

Kohle, Kohl und Nussgipfel

Die 1940er-Jahre in Aussersihl. Meine Mutter noch sehr jung, drei Kinder. Wir hatten wenig Geld, manchmal auch keines, vermutlich so wie die meisten im Ehrismannhof und dessen Umgebung. Doch wenn es manchmal zu knapp wurde, halfen unsere Nachbarn ohne viel Aufhebens aus. Im Treppenhaus lag der Duft von Kohl. Wir Kinder sagten: «Lieber Kohle als Kohl.» Im Winter feuerte man mit Briketts, mit Holz oder gar nicht. Sparten wir während der Woche am Essen, wurde der Sonntag zum Feiertag. Mein Onkel spielte Trompete. Ich durfte das Instrument bis zum Pavillon auf der Bäckeranlage tragen. Sonntagskonzert. Wurden Schlager gespielt, klassische Musik – oder etwa Marschmusik? Niemand erinnert sich mehr richtig, ausser natürlich an die Internationale, die am 1. Mai gesungen wurde: «Wacht auf, Verdammte dieser Erde.» Verdammt fühlte sich vermutlich niemand, doch ein besseres Leben wurde eingefordert. Damals wie heute. Nach dem Sonntagskonzert an der Hand der Mutter an die Langstrasse, an die Zwinglistrasse oder die Brauerstrasse. Nussgipfel!

Eines der Restaurants im Quartier, nahe beim Helvetiaplatz gelegen, trug den Namen «Sonne». Das Haus gibt es schon lange nicht mehr, heute beherrscht eine Grossüberbauung die Gegend. Es gibt viele «Problemliegenschaften», weshalb die Gegend auch «Bermuda-Dreieck» genannt wird. Viele Sex-Shops haben sich eingemietet, und inmitten, etwas verloren, hält die «Libreria Italiana» die Festung. Ein Lokal trägt weiterhin den Namen «Sonne», das Restaurant ist heute weiterum bekannt als Anmachelokal.

Eine Schwarz-weiss-Fotografie aus dem Jahr 1932 zeigt uns ein altes Gebäude mit dem Schild «Restaurant Sonne», davor aufgeschichtet Pflastersteine. Steffen Lindig erläutert den Hintergrund zu dieser Fotografie: «1932 ‹Blutnacht› von Zürich. Dummerweise trieben die Polizisten die bisher passive Menge vor einen Bauplatz beim Restaurant ‹Sonne›, wo grosse Haufen von Pflastersteinen herumlagen. Eine regelrechte Schlacht war ausgebrochen gegen die mit Gummiknüppeln, Säbeln und Revolvern ausgerüsteten Polizisten. Zwischenhinein wurden auch ein paar Balken und Holzlatten auf der Langstrasse angezündet. Bilanz: ein Arbeiter kam ums Leben, 30 Schwerverletzte (darunter fünf Frauen), eine grosse Anzahl leicht Verletzter.» (Steffen Lindig: «Der Entscheid fällt an den Urnen». Zürich 1980.) Anlass zur Auseinandersetzung war ein Streik der Monteure gegen Entlassungen gewesen.

Auf der oberen Etage in unserem Haus wohnte eine «Dame». Sie trug Nylonstrümpfe, duftete ganz anders als das Treppenhaus und hatte mehr Geld als wir. Sie war sehr freigiebig, besonders zu mir. Ihr Nachbar war Arbeiter, Facharbeiter im Güterbahnhof. Er brachte uns oft exotische Früchte mit, Bananen und manchmal sogar Orangen. Ich besuchte ihn auch in späteren Jahren immer wieder. Ehemaliger Kommunist. Wie es sich damals gehörte für die Linken, die Wohnstube voller Bücher: Marx, Engels, Lenin, Bebel, aber auch klassische Literatur und ... Westernheftli. Von ihm habe ich die erste Lektion über den Unterschied zwischen Sozialisten, Sozialdemokraten und Kommunisten gelernt. Er wechselte später zu den Sozialdemokraten. Für manche ein Klassenverräter: «Wer hat uns verraten, die Sozialdemokraten.» Zerbrochene Freundschaften, Verbitterung. Doch er hatte genug von toter Theorie, wie er sagte, und eben auch ein Auge für die Leistungen der Sozialdemokraten im «Roten Zürich». Wenigstens machten die etwas fürs Aussersihl: Umgestaltung der Bäckeranlage, Umbau Schulhaus Feldstrasse mit Turnhalle (!), Schulhaus Hohlstrasse – und all dies für eine grosse Stange Geld! Investiert in die Zukunft. Er glaubte an die Zukunft des Quartiers Aussersihl. Die Steuerfranken für den Neubau der Polizeiwache Langstrasse haben ihn allerdings gereut. «Die Polizisten gehören nicht zu uns, die verstehen unsere Nöte, unsere Hoffnungen nicht. Die sind auf der Seite der Bonzen.» Ich hatte «unseren» Polizisten gern. Er schimpfte nie, auch wenn wir verbotenerweise im Bullinger-brunnen nackt badeten.

Wir Kinder waren oft krank, ich im Besonderen: Asthma. Wegen dem Kohlenstaub in der Wohnung, der schlechten Isolierung, dem kleinen Zimmer, der Platznot, der Badewanne im Keller. Krank sein war anstrengend, aber ich sass gern im Wartezimmer unseres Arztes Hans Rotter. Viele spannende Zeitschriften, auch italienische, lagen überall herum. Mit vielen Fotos. Die Patienten unterhielten sich laut, was für eine Arztpraxis ungewöhnlich war. Wenig Deutsch, viel Italienisch. Beim Doktor hörte ich vermutlich das erste Mal von seinem Praxis-Vorgänger, dem berühmten Revolutionär Fritz Brupbacher.

Hören wir diesen engagierten Arbeiterarzt in seiner Autobiografie: «Niederlassung als praktischer Arzt im Proletenviertel. Mit meinen 40 Franken liess ich mich mitten im Proletarierviertel nieder – ich mietete zwei Zimmer bei einem Holzarbeiter, dessen Frau als Aussteuer ein Plüschameublement mitbekommen hatte, das den Schmuck meines Wartezimmers bildete. Das zweite Zimmer war Sprechzimmer und Schlafzimmer für den Arzt … Das Quartier, in dem ich arztete, war eines der ärmsten der Stadt. Und der Beginn meiner Tätigkeit fiel gerade in eine Zeit grösster Arbeitslosigkeit. Da sah man viel Elend. Wenn man an den Winterabenden seine Besuche in den Arbeiterwohnungen machte, so lag gewöhnlich die ganze Gesellschaft im Bett in der Dunkelheit, um Heizung und Licht zu sparen.» (Fritz Brupbacher: 60 Jahre Ketzer. Selbstbiographie: Ich log so wenig wie möglich. Zürich 1973.)

Später übernahm Hans Rotter die Praxis und führte die Tradition des Arbeiterarztes weiter, die Brupbacher in den 1920er-Jahren begründet hatte. Rotters Schwägerin, Franca Magnani, sollte später in «Eine italienische Familie» Folgendes schreiben: «Die berufliche Tätigkeit meines Schwagers erreichte ihren Höhepunkt in den fünfziger Jahren, als eine neue Welle italienischer Emigranten auf Arbeitssuche in die Schweiz kam. Nur wenige von ihnen kamen nicht in die Kasernenstrasse 17. Ein Schild an der Wand des Hauses kündigte an, dass dort ein Arzt praktizierte, der etwas mit Italien zu tun hatte: Dr. Hans Rotter-Schiavetti.» (Franca Magnani: Eine italienische Familie. Köln 1990.)

Arbeitslosigkeit, Armut, Krankheit, schlechte Wohnsituation, wenig Grünfläche, später die Blechlawinen auf den Strassen, der Lärm, der Gestank, der Dreck. Der Kreis 4 als Übergang: viele Zuzüger, einige blieben für immer, aus Überzeugung, aus Not. Für andere war das Quartier nur Zwischenstation, sie warteten auf eine bessere Zukunft. Auch unsere Familie zog fort, in eine Genossenschaftssiedlung an die Peripherie der Stadt: die Eltern mit Blick auf den Aufstieg – die Hochkonjunktur meldete sich langsam an –, ich hingegen mit Wehmut, mir fehlte mein Quartier. Diese Leute hier waren anders. Zum Glück blieben die Verwandten, blieben viele Freunde im Kreis 4 sesshaft. Später dann wählte ich das Langstrassenquartier als Arbeitsort. Langstrasse, Militärstrasse, heute das ganze Quartier.

Lärm, Dreck und Schickimicki

Die zahlreichen Medienberichte sind Barometer, sie zeigen, dass die Situation heute ernst ist – mit den Drogen, der Prostitution, der Aggression, dem verunsicherten Gewerbe und manchmal auch einer überforderten Polizei. Das Quartier als Abfalleimer für die Stadt? Wie im Mittelalter? Die Angst vieler Bewohnerinnen und Bewohner ist gegenwärtig. Sie fürchten sich vor einem zweiten «needle park» à la Letten, der sich, wenn auch in kleinerem Mass, auf der Bäckeranlage und dann überall im Kreis 4 etablieren könnte. Aufwertung ist angesagt.

«Unsere Toleranz hat Grenzen», höre ich fast täglich von vielen Bewohnerinnen und Bewohnern rund um die Bäckeranlage und auch von Gewerbetreibenden. Sie haben genug vom Drogenhandel, von den Alkoholikern und den Junkies, vom Lärm, Dreck und von den Bedrohungen – und vor allem: genug vom ausufernden Sexmilieu. Schnelle Verbesserung wird eingefordert. «Wir Bewohner haben ein Recht auf ein normales Leben!» Die Verschlechterung der Situation ist tatsächlich sichtbar, sie ist nicht mehr wegzureden. Seit Mitte der 1990er-Jahre unternimmt der Stadtrat von Zürich denn auch grosse Anstrengungen zur Verbesserung der Situation. Zu spät? Viele sagen: zu spät.

Trotzdem, 2001 lancierte der Stadtrat das Projekt «Langstrasse Plus», als dessen Projektleiter ich eingesetzt wurde. Ziel: Aufwertung. Aufwertung für wen? Neue Ängste kamen auf, das Quartier würde im Zuge der Aufwertungsmassnahmen seiner Seele beraubt. Man kennt es aus dem Ausland: Aufwertung heisst oft Verdrängung der Bevölkerung, ein Ansteigen der Mieten, Verbetonierung, Multikulti als Synonym für Schickimicki. Trendig um jeden Preis.

Quartier und Seele, ein veralteter Begriff? Dazu schreibt Hans Bösch: «Das Wiederentdecken des Quartiers ist die Wiederentdeckung der Nische, in der ein Überleben möglich bleibt. Wenn wir mit der Nische ein Stück ‹heile Welt› zu finden hoffen, hoffen wir dabei immer auch auf Heilung. Wobei Heilung nichts anderes bedeutet als das Wiedererlangen einer ursprünglichen Ganzheit. (…) Ein Blick auf unsere Quartiere zeigt aber sofort, wie wenig sie solchen Erwartungen zu genügen vermögen. Das, was uns Heilung vermitteln soll, ist in den wenigsten Fällen selbst mehr heil. Jahrzehntelang hat man das Quartier zerstückelt, zersäbelt, tranchiert. Mit Strassenzügen, Verkehrsströmen. (…) Vielerorts wurde das Leben ausgekratzt aus dem Leib der Stadt. Dafür wurden Gestank und Blech hineingepackt. Das, was das Quartier hätte sein können, und das, wofür es hätte sein sollen, wurde vergessen. Der Ruf nach Wohnstrassen, nach Verkehrsberuhigung, nach Wohnlichkeit allgemein – wird verlacht.» (Hans Boesch: Die sinnliche Stadt. Zürich 2001.)

Der Kreis 4, das Langstrassenquartier, war und ist für viele Menschen Nische. Nische im positiven Sinn, Nische als Entscheidung, als Bejahung der Individualität in der Vielfalt. Jede Stadt braucht diese Quartiere, in denen Vieles zusammentrifft und Manches zusammentreffen kann. Wo sich Bewohnerinnen und Bewohner jedoch ängstigen, wo von «Versumlung» gesprochen wird, sind Nischen nicht mehr für alle lebbar, kann sich Positives in Benachteiligung verkehren. Das Langstrassenviertel wird vermehrt als «benachteiligter Stadtteil» bezeichnet. Ich plädiere dafür, mit solch entwertenden Begriffen vorsichtig umzugehen. Diese können – inflationär gebraucht – schaden. Stichwort: Stigmatisierung. In einer kürzlich erschienenen Publikation werden 15 Aspekte genannt, die Benachteiligung ausmachen. Praktisch sämtliche Nennungen treffen auch auf unser Langstrassenquartier zu. Zusammenfassend gilt gemäss dieser Publikation: «Die Gesamtsituation des Lebens im benachteiligten Quartier wird geprägt durch ‹kollektive und individuelle› Problem- und Notlagen. Zusammen mit den räumlichen Defiziten (wie fehlende Grünflächen, schlechte Wohnqualität, hohe Wohnbzw. Vergnügungsdichte usw.) führen diese Probleme zu Konkurrenzen um knappe Ressourcen wie Arbeit, Einkommen, Wohnen, soziale Infrastruktur und können in zunehmende soziale und interkulturelle Konflikte, Gewaltbereitschaft und Rassismus münden. Aus dem ‹benachteiligten› Quartier wird so ein ‹benachteiligendes Quartier›.» (M. Krummenacher; R. Kulbach u.a.: Soziale Stadt – Sozialraumentwicklung – Quartiermanagement. Opladen 2003.) Ein Blick über unsere Grenzen in viele vergleichbare Städte und Stadtteile zeigt die Aktualität dieser Thesen. Intoleranz ist das sichtbarste Zeichen. Der Stadtrat von Zürich will diese negative Entwicklung verhindern, skizziert Ziele. Wer steht ein für die Vision, wer für deren Umsetzung?

Eine Bewohnerin beklagte sich kürzlich bei mir. Nach einer Reklamation wegen Lärm und Gewalt vor ihrem Haus wurde ihr gesagt, wenn sie den Lärm und den Dreck nicht ertrage, könne sie ja wegziehen. Denn: Wer im Kreis 4 wohne, suche ja das «Multikulti»! Kulturelle Vielfalt wird von Aussenstehenden scheinbar mit Lärm und Dreck assoziiert. Da wirkt die Stigmatisierung des Quartiers ganz offen. Benennungen und Zuschreibungen wie «Chreis Cheib», «Drogeninferno» oder «Vergnügungsmeile» (dabei ist vorwiegend oder ausschliesslich das sexuelle Vergnügen gemeint) können einen negativen Prozess beschleunigen oder gar auslösen. Eine Negativspirale.

Was will denn unsere Bewohnerin? Sie will eine Vision. Und die ist ganz simpel: Sie will eine Zukunft im Kreis 4, möchte in einem ganz «normalen» Quartier wohnen. «Normal» muss dabei ausgedeutscht, muss genau umschrieben werden. Normalität bedeutet für diese Bewohnerin Weltoffenheit, vielleicht auch mehr Toleranz als anderswo. Für sie war und ist das Quartier Heimat. Für diese will sie kämpfen, denn sie versteht Heimat nicht im nationalstaatlichen Sinn, sondern als Lebensinhalt: «Da gehören wir hin, da wollen wir bleiben.» Und darum fordert sie ihr Recht auf mehr Lebensqualität ein. Sie wohnt in einem Umfeld mit einem hohen Ausländeranteil. Manchmal ist dies schwierig, oft ist es belebend. Oder ganz einfach: Es ist so. Für diese Bewohnerin gehört Integration zur Lebensqualität. Dieser Meinung sind viele.

Barbara Emmenegger hat in ihrem Essay von der heterogenen Bevölkerungszusammensetzung dieses Stadtteils gesprochen. Genauso heterogen scheinen auf den ersten Blick auch die Ansprüche verschiedener Gruppen und einzelner Bewohnerinnen und Bewohner zu sein. In der Tat werden viele divergierende Vorschläge bezüglich Quartierentwicklung eingebracht und – es wird viel, sehr viel geschimpft in dieser Gegend. Vielleicht sind aber die Visionen so unterschiedlich nicht, vielleicht liegen die Unterschiede vorwiegend in der Vorstellung über die Art und Weise der Zielerreichung. Denn es zeichnen sich durchaus Gemeinsamkeiten ab: die Angst vor Verdrängung zum Beispiel. Diese Angst kennt der alteingesessene Gewerbetreibende genauso wie der Junkie, die besorgte Elternschaft wie die Prostituierte, die Migrantenfamilie wie auch die langjährige Lehrerin. Die Frage des Gleichgewichts wird Thema, und wir landen erneut bei unserem Schlüsselbegriff: bei der Integration!

Hier ist die Stadt gefordert – und mit ihr jede Bewohnerin, jeder Bewohner mit und ohne roten Pass! Denn sie sind die Expertinnen und Experten, wenn es um die Ausgestaltung und Zukunft der eigenen Heimat geht. Was aber fördert Integration? Folgende Aspekte dürften diesen Prozess, denn als solcher soll Integration verstanden werden, positiv mitbeeinflussen: ein «normales» Umfeld, Sicherheit auf der Strasse, in Hinterhöfen, auf Schulhausplätzen und auch in Nischen.

Das Quartierzentrum als Symbol

Aussersihl erhält nach langem Kampf ein Quartierzentrum. Abgespeckt, billiger als zuerst geplant, aber immerhin. Die Planung für das Quartierzentrum wurde partnerschaftlich durchgeführt: Stadt, Bevölkerung, Gewerbe und Politik haben sich daran beteiligt. Eine Lobbygruppe entstand und eine Konzeptgruppe mit vielen Ideen. Es herrschte Aufbruchstimmung. Das Quartierzentrum als Sinnbild für den Kreis 4? Ein Bild aus der Diskussionsrunde ist mir geblieben. «Das Quartier ist doch wie ein Haus», wurde gesagt, «ein Haus für uns alle». Das Haus wurde zur Metapher für Lebensqualität: Wenn das Haus schlecht gebaut wird, leidet die Qualität, gemeinsames Bauen ist schwierig, es braucht Zeit, Geduld, Toleranz, Respekt. Wir bauen daran. Mit Leben füllen müssen es aber die Bewohnerinnen und Bewohner … Das Gemeinsame ist entscheidend. Sich gemeinsam einsetzen – für ein lebens- und liebenswertes Quartier. Ein Quartier für (fast) alle.

Ich danke den Verfasserinnen und Verfassern. Für die Idee des Buches. Die Planung. Das Geldbeschaffen. Die Diskussionen. Die Anregungen. Die wunderschönen Stunden. Ein Stück Hoffnung. Mensch! Quartier!

Barbara Emmenegger, Fachartikel Urbanisierung   1963 in Luzern geboren und dort aufgewachsen. Studium der Soziologie, Publizistikwissenschaft und Philosophie in Zürich. 1995 Mitbegründerin von DAB-Sozialforschung in Zürich und bis 2001 freiberuflich in dieser Forschungsgemeinschaft tätig. Seit 1998 wissenschaftliche Mitarbeiterin und Projektleiterin bei der Fachstelle für Stadtentwicklung der Stadt Zürich. Wissenschaftliche Arbeiten und Veröffentlichungen zu stadtsoziologischen Themen und Geschlechterforschung. Unter anderem: «anmachen – platzanweisen». Soziologische Untersuchungen zu sexueller Belästigung in der höheren Ausbildung. Haupt Verlag: Bern 2000. Barbara Emmenegger setzt sich in ihrer Arbeit mit Fragen zu Lebensqualität und Urbanität auseinander. Sie lebt im Stadtzürcher Langstrassenquartier.

Paula Lanfranconi (LAN), Porträttexte   1950 im luzernischen Dagmarsellen geboren, lebt in Zürich. Freie Journalistin, u.a. für den «Tages-Anzeiger» tätig. Hauptinteresse an Gesundheits- und Sozialthemen. Verschiedene Artikel über Menschen, die nicht auf der Sonnenseite des Lebens stehen. Publikation zusammen mit der Fotografin Ursula Markus über Alzheimer: «Morgen ist alles anders … Leben mit Alzheimer».Schwabe Verlag: Basel 2002.

Hannes Lindenmeyer, Quartiergeschichte   1945 geboren, seit einem Vierteljahrhundert wohnhaft mitten im Langstrassenquartier. Geograf, Urbanist und Volkskundler (lic. phil. I). Interesse an aktuellen Entwicklungen im Quartier, die er seit den 1970er-Jahren als aktiver Quartierbewohner mitgestaltet. Unter anderem Aktivitäten im Quartierzentrum Kanzlei. Vorstand des Historischen Vereins Aussersihl. Aufarbeitung von Quartiergeschichten aus den letzten hundert Jahren. Leitung der Inlandarbeit des Schweizerischen Arbeiterhilfswerks während 15 Jahren. Heute als Berater von Nonprofit-Organisationen und von öffentlichen Verwaltungen tätig.

Hannes Lindenmeyer ist Vater von zwei erwachsenen Söhnen, die im Quartier aufgewachsen sind und heute noch mit Überzeugung hier leben: überzeugt wie Hannes Lindenmeyer selbst, dass sich nirgendwo in der Schweiz so urban leben lässt wie im Langstrassenquartier.

Ursula Markus, Fotografie   1941 in Kolumbien geboren, aufgewachsen in Trinidad, im Iran und in der Schweiz. Lange Aufenthalte in Israel und Australien. Freie Fotografin und freie Mitarbeiterin verschiedener Zeitungen und Magazine. Veröffentlichung verschiedener Fotobücher über Australien, Bhutan und China sowie zu den Themen Musik, Theater und Kinder; des Weiteren auch thematische Arbeiten im Zusammenhang mit Projekten in Harlem und mit Strassenkindern in Bukarest. Aktuelle Publikation: «Morgen ist alles anders … Leben mit Alzheimer». Schwabe: Basel 2002.

Ursula Markus ist Mutter von zwei erwachsenen Töchtern. Sie lebt seit bald zehn Jahren im Stadtzürcher Langstrassenquartier.

Nadine Schneider (SCN), Porträttexte und Bildlegenden/Projektleitung   1967 in Winterthur geboren. Studium am Konservatorium Zürich und Kulturmanagement MAS, Uni Basel. Arbeitet seit 1994 im Langstrassenquartier im Bereich Quartiermanagement (Sozialdepartement). Leiterin (sozio-)kultureller Projekte. 1996 bis 2000 Lehrbeauftragte an der BA des Musikkonservatoriums Schaffhausen.

Nadine Schneider ist freiberuflich als Musikerin tätig und lebt im Zürcher Stadtkreis 3.

Charlotte Spindler (CS), Porträttexte   1946 geboren, in Zürich-Oerlikon aufgewachsen, seit 1976 im Kreis 4 wohnhaft. Studium der Soziologie und Publizistik an der Universität Zürich, Promotion 1974 zu einem medienwissenschaftlichen Thema. 15 Jahre Redaktorin beim «Tages-Anzeiger» (Ressort «Stadt Zürich», «Region Zürich», «züritipp»). Seit zehn Jahren freie Journalistin für verschiedene Printmedien. Autorin des alternativen Stadtführers «züri fürs volk», 1986. Neuauflage unter dem Titel: «Stadtbuch Zürich». Rotpunktverlag: Zürich 1998. Mitarbeiterin beim «kids»-Führer. 12 Jahre Schulpflegerin im Schulkreis Limmattal.

Charlotte Spindler ist verheiratet und Mutter eines erwachsenen Sohnes.

Rolf Vieli, Nachwort   1946 in Zürich geboren und in Aussersihl aufgewachsen. In verschiedenen Berufen tätig, unter anderem Stadtammann im Kreis 4, Gründer und Leiter einer Schule für Jugendliche, Arbeit mit Drogenabhängigen, seit 2000 Leiter des städtischen Projektes «Langstrasse Plus».

Rolf Vieli wohnt seit vielen Jahren im Langstrassenquartier.

Zehn Einblicke Anstelle eines Vorwortes haben zehn Kreis-4-Persönlichkeiten aus Kultur, Politik, Literatur und Sport Kurztexte zum Kreis 4 verfasst: Anselm Burr, Pfarramt Langstrasse; Catalin Dorian Florescu, Schriftsteller; Sepp Fuchs, ehemaliger Radrennprofi; Abdu Ghali, Musiker; Willy Küng, ehemaliger Stadtrat von Zürich; Georgette Maag, Künstlerin; Stephan Pörtner, Schriftsteller; Irène Schweizer, Jazzpianistin; Esther Spinner, Schriftstellerin; Andy Stutz, Seidenfabrikant.

Die Verfasserinnen und Verfasser danken den porträtierten Menschen für ihre Offenheit und den Einblick, den sie ihnen gewährt haben.

Wir danken folgenden Organisationen und Personen
für die Unterstützung:

gemeinwesenarbeit 3/4
sozialzentrum ausstellungsstrasse

PR●HELVETIA
Schweizer Kulturstiftung

verein zwei mal zwei

MIGROS
Kulturprozent

plus
Projekt Langstrasse PLUS

Historischer Verein Aussersihl

Fachstelle
für Stadtentwicklung
der Stadt Zürich
Präsidialdepartement

Gewerbe
Verein
Zürich Vier **Z4**
Postfach 8026 Zürich
www.zuerich4.ch

Ernst Göhner Stiftung
Langstrassenkredit der Stadt Zürich
Stiftung PONTE Projektfonds, Zürich
Cassinelli-Vogel-Stiftung
Evangelisch-reformierte Kirchgemeinde Zürich-Aussersihl
Familien-Vontobel-Stiftung
A.R.

Kanzlei

RISTORANTE
ITALIA

sihldruck
PRINT & NEW MEDIA

Necetera AG
Greulich · Hotel, Restaurant, Bar

Fotografie: Ursula Markus, Zürich (ausser Abbildungen 2 und 3)
Gestaltung und Satz: Bernet & Schönenberger, Zürich
Bildverarbeitung und Druck: sihldruck, Druckerei a/d Sihl AG, Zürich

© 2004 hier + jetzt, Verlag für Kultur und Geschichte GmbH, Baden
www.hierundjetzt.ch
ISBN 3-906419-79-7